Christine Hubka

Die Haftfalle

EDITION STEINBAUER

Dieses Buch entstand mit Unterstützung durch:
Die Kulturabteilung der Stadt Wien, Wissenschafts-
und Forschungsförderung

Der Evangelische Bund Österreich

Bibliografische Information der Deutschen Bibliothek
Die Deutsche Bibliothek verzeichnet diese Publikation in der
Deutschen Nationalbibliografie; detaillierte bibliografische
Daten sind im Internet über http://dnb.ddb.de abrufbar.

Edition Steinbauer

Coverbild: Beitrag zum internationalen Kunstwettbewerb für
Gefangene 2009, veranstaltet von der International Commission
of Catholic Prison Pastoral Care, www.iccppc.org, fotografiert
von Danielle Proskar.

Redaktion: Reingard Grübl-Steinbauer
Covergestaltung: typothese.at / Matthäus Zinner
Satz und Layout: typothese.at / Matthäus Zinner
Druck: Druckerei Theiss GmbH
Printed in Austria
ISBN: 978-3-902494-67-2

www.edition-steinbauer.com

Christine Hubka

Die Haftfalle

Begegnungen im Gefängnis

Mit Gedichten von **Markus Fellinger**

und Beiträgen von **Matthias Geist**

EDITION STEINBAUER

Wien 2013

Markus Fellinger

Geboren 1962 in Linz

1981–1986 Studium der Sozialarbeit (Diplom 1985) und einige Semester Rechtswissenschaften, Germanistik und Philosophie für das Lehramt.

1986–1990 Studium der Theologie in Reutlingen/D

1990–2005 Evangelisch-methodistischer Pfarrer und nebenamtlich 2001–2005 Klinikpfarrer in Salzburg

2005–2011 Evangelisch-methodistischer Pfarrer in Linz

Seit Sept. 2011 Leitender Pfarrer der evangelischen Gefängnisseelsorge in Niederösterreich

Dipl. Lebensberater, Supervisor (ÖVS), Trainer, Mitglied der Menschenrechtskommission der Volksanwaltschaft

Matthias Geist

Geboren 1969 in Salzburg

1987–1995 Studium der Mathematik und Evang. Theologie in Wien,

1995–2000 Assistent an der Evang.-Theol. Fakultät der Universität Wien,

1997–1999 kirchliche Ausbildung zum geistlichen Amtsträger der Evang. Kirche A.B. in Österreich

Seit 2001 evangelischer Gefängnisseelsorger in den Wiener Justizanstalten

Seit 2007 Supervisor (ÖVS)

Inhalt

Verzeichnis der Gedichte

Vorwort

In der Öffentlichkeit wird der Strafvollzug in der Regel nur wahrgenommen und diskutiert, wenn es um Skandale geht. Berichte über besonders schockierende Taten, in möglichst deftigen Details immer wieder geschildert, nehmen den Tätern das menschliche Gesicht und stellen sie oft in hysterischer Weise als Bestien dar. Gelingt es einem der tausenden Gefangenen zu fliehen, schreit der Boulevard nach mehr Sicherheit, noch mehr Mauern, noch mehr Schlössern. Von denen, die bleiben, die Strafe auf sich nehmen, und sich im Rahmen des Gefängnisalltags als verlässliche Mitarbeiter und sozial engagierte Mitgefangene bewähren, lese ich nie.

Die in Österreich für das Jahr 2015 geplante „große Strafrechtsreform" rückt das Thema Strafe und Vollzug in den Blickpunkt der Öffentlichkeit. Dieses Buch will einen Diskussionsbeitrag leisten und das Thema aus einem ungewohnten Blickwinkel beleuchten. Denn mit der Verurteilung der Täter zu möglichst langen Haftstrafen scheint das Interesse an diesen Menschen verpufft zu sein. Dabei beginnt jetzt erst die für die Gesellschaft entscheidende Zeit: Wird es gelingen, diesem Menschen zu einer positiven Entwicklung zu verhelfen, sodass er eines Tages als ein Bürger wie „du und ich" unter uns lebt?

Mein Blick auf den Strafvollzug kommt aus der Perspektive der Gefängnisseelsorgerin. Ich bin keine Juristin, keine Sozialarbeiterin, keine Psychologin. Ich spreche mit Menschen im Gefängnis. Nicht mehr und nicht weniger.

Wer im Gefängnis im Auftrag der Seelsorge unterwegs ist, geht nicht einfach nach Hause und dort zum Alltag über. Wenn auch die Menschen vor Ort bleiben, ihre Gesichter und Geschichten tragen wohl alle Seelsorger und Seelsorgerinnen mit nach Hause. Dort aber erwartet uns die Aufgabe, sie auch wieder loszulassen, zumindest bis zu unserer nächsten Begegnung im Gefängnis. Jeder hat da seine eigenen Strategien. Markus Fellinger ist in allen Gefängnissen Niederösterreichs als evangelischer Seelsorger unterwegs. Er verfasst Gedichte. Das eine oder andere findet sich in diesem Buch.

Matthias Geist, zuständig für die Gefängnisse in Wien, schreibt Betrachtungen über seine Begegnungen mit Gefangenen. Manche von ihnen begleitet er nun schon ein Jahrzehnt. Auch von seinen Betrachtungen habe ich einige in mein Buch aufgenommen.

Jeder der derzeit über 9000[1] Inhaftierten in Österreichs Gefängnissen ist ein Einzelfall. Jede und jeder hat ein eigenes Gesicht, eine eigene Lebensgeschichte. Auch die Tat gehört ganz zu ihnen und ist auf ihre Weise einzigartig. Jeder reagiert auf das sogenannte „Haftübel" anders.

Auch das Strafrecht geht von der Notwendigkeit aus, jeden Fall als Einzelfall zu betrachten. Um der jeweiligen Situation gerecht zu werden, hat der Gesetzgeber einen Strafrahmen für jede Tat gesetzt, statt fixe Sanktionen vorzusehen. Ebenso fordert das Strafvollzugsgesetz, der „Täterpersönlichkeit" bei den erzieherischen Maßnahmen gerecht zu werden.

Dennoch finden sich in den vielen einzelnen Geschichten, Begegnungen und Abläufen Gemeinsamkeiten, die mich Fragen stellen lassen. Die Antworten müssen andere finden, die dazu berufen sind.

Gespräche der Seelsorgerinnen und Seelsorger, seien sie ehrenamtlich oder hauptamtlich im Gefängnis unterwegs, sind privilegiert. Ganz gleich, ob sie mit Mitarbeitenden, Häftlingen oder Beamten sprechen. Die Schweigepflicht schützt uns und unser Gegenüber. Verschwiegenheit ist unser wichtigstes Instrument, wenn wir Menschen im Gefängnis begegnen. Der geschützte Raum wird immer wieder zum heiligen Raum.

Im Folgenden werde ich Einblicke in den Haftalltag und in die Lebens- und Gedankenwelt von Gefangenen geben, von ihren Familien erzählen, die Frage nach der Versöhnung zwischen Täter, Opfer und Gesellschaft stellen. Trotz mancher detaillierter Schilderung bleibt die seelsorgerliche Verschwiegenheit, der ich durch meine Ordination zur Pfarrerin der evangelischen Kirche in Österreich verpflichtet bin, gewahrt. Die Namen der Menschen, die mich durch dieses Buch begleiten, habe ich geändert. Sollte sich dennoch einer der Namen auf der Insassenliste einer österreichischen Justizanstalt finden, ist das Zufall. Die von mir genannte Person hat mit dem registrierten Gefangenen gleichen Namens nichts gemeinsam. Die Situationen habe ich so weit verfremdet, dass auch der aufmerksame Zeitungsleser die Menschen und ihre Tat nicht wiedererkennen kann. Dennoch sind die Geschichten authentisch. Es geht ja nicht um geographisch auffindbare Tatorte und exakte Handlungsabläufe, sondern um das Erleben von Menschen, die in der Justizanstalt Wien-Josefstadt aus dem einen oder anderen Grund inhaftiert sind. Dasselbe gilt selbstverständlich für die Beiträge von Matthias Geist und Markus Fellinger.

Nicht immer benenne ich die Tat, die den Menschen, von dem ich erzähle, ins Gefängnis gebracht hat. Das Bekanntmachen des Delikts würde manchmal die Anonymität vereiteln. Erzähle ich doch auch von Inhaftierten, deren Verfahren und Geschichte landauf, landab die Medien berichteten. Zudem liegt es mir fern, den Voyeurismus zu bedienen, mit dem manche Blätter des Boulevards durch Schilderung saftiger Details der Tat zwar gekonnt Stimmung gegen die Täter machen, den Opfern aber keineswegs nützen. Eine derartige, auf die Einzelheiten der Tat verengte Darstellung, wird meines Erachtens weder dem Täter noch seinem Opfer gerecht. Ich selber frage nie, welches Delikt meinen Gesprächspartner ins Gefängnis gebracht hat. Wenn jemand es von sich aus erzählt, ist es gut. Tut er es nicht, ist es auch gut. Hier gehe ich nicht anders vor, als bei Besuchen im Krankenhaus. Auch da wusste ich oft nicht, welches Leiden ein Patient hat. In der Untersuchungshaft weiß der Gefangene selber noch nicht, ob irgendeine der Anklagen vor Gericht halten werden. Manch einer, dessen Anklage zum Beispiel auf Mordversuch lautete, wurde schließlich wegen Körperverletzung verurteilt.

Der österreichischen Justiz bringe ich großen Respekt entgegen ebenso wie den männlichen und weiblichen Justizbediensteten. Meine besondere Wertschätzung gilt der Leiterin der Justizanstalt Josefstadt, mit der mich mehr als nur ein bürokratisch-formales Verhältnis verbindet.

Meine kritischen Anmerkungen und Fragen zu manchem, was ich im Strafvollzug wahrnehme, gründen in diesem Respekt.

Ganz herzlich danke ich Herrn Mag. Kurt Jagl, Psychologe in der Justizanstalt Wien-Josefstadt, der sich viel Zeit genommen hat, das Manuskript kritisch durchzusehen und mir auch aktuelle Daten zugänglich gemacht hat.

Wien, im Mai 2013

Glossar

Die offiziellen und die umgangssprachlichen Bezeichnungen für Einrichtungen und Personen sind im Gefängnis nicht dieselben.

Da im Text in der Regel die bei allen dort Anwesenden – Insassen sowie Mitarbeitenden – gebräuchlichen umgangssprachlichen Begriffe verwendet werden, sind im Folgenden auch die offiziellen Begriffe angeführt.

11er-Zettel: Formular für hausinterne Ansuchen der Insassen.

Ausspeis: Ausgabe der von den Häftlingen bestellten Waren, die sie mit ihrem Hausgeld erwerben können.

Häftling: Insasse.

Hausarbeiter: Insasse, der auf seiner Abteilung für Reinigung, Müllentsorgung, Essenstransport und -ausgabe zuständig ist.

Hausgeld: Geld, das den Insassen für kleine Einkäufe zur Verfügung steht. Der Betrag ist gering und streng limitiert.

Josefstadt: Justizanstalt Wien-Josefstadt.

Schreiber: Hausarbeiter, der vor allem Schreibarbeiten macht. Offiziell gibt es keine Unterscheidungen. Im Gefängnisalltag wird aber zwischen „Schreiber“ und Hausarbeiter unterschieden.

Stock: Abteilung.

Stockchef: Abteilungskommandant.

Gefängnisseelsorge oder:
Die Hallelujafrau

Eines Tages fuhr ich in der Justizanstalt Josefstadt mit dem Aufzug in den fünften Stock. Ein Schritt hinaus und ich befand mich bereits in einer Abteilung. Vor dem Dienstzimmer standen der Abteilungskommandant, im Gefängnisjargon „Stockchef“ genannt, und zwei weitere Justizwachebeamte mit zwei Häftlingen. Alle fünf Männer schauten in meine Richtung. Alle fünf lachten. Der Stockchef zerkugelte sich geradezu.

Ich ging auf die fünf Männer zu. Die beiden Beamten und die beiden Häftlinge entfernten sich. Nur der Stockchef reichte mir prustend die Hand und sagte: „Wissen Sie, wie er sie genannt hat?“ Ich schüttelte den Kopf. „Er hat gesagt, schaut, da kommt die Hallelujafrau.“ Wieder beutelte ihn ein Lachanfall. Die anderen beobachteten aus sicherem Abstand, wie ich reagieren würde. Ich lachte mit. Dann fragte ich, wer denn das gesagt habe.

Vier Männer zeigten auf Attila, einen ungarischen Häftling, der verlegen zu mir herüber sah. Ich ging zu ihm, gab ihm die Hand und sagte: „Das ist schon okay. Sie haben wohl nach der entsprechenden Umschreibung für Pfarrerin gesucht. Das Wort ist Ihnen nicht eingefallen.“ Nun lachte auch Attila und drückte mir erleichtert die Hand. „Sie nicht böse?“, fragte er, obwohl das ja schon klar war.

Seit diesem Tag habe ich unter den Langzeitinsassen dieser Abteilung und unter den Justizwachebeamten, die mich ein wenig besser kennen, diesen Spitznamen.

Immer wieder erlebe ich, dass auf der einen oder anderen Abteilung über mich gelacht wird. „Hallelujafrau“ ist nicht der einzige Spitzname, den ich im Lauf der Zeit in der Justizanstalt Josefstadt bekommen habe.

Als Pfarrerin im Ruhestand bin ich ehrenamtliche Gefängnisseelsorgerin. Ich passe nicht ins Bild. Meine weißen Haare erzählen, dass mein Lebensweg bereits durch das siebente Lebensjahrzehnt führt. Als Frau im Pfarramt betrachten mich die Menschen immer noch als exotisches Wesen. „Draußen" haben sich inzwischen viele an uns Pfarrerinnen der Evangelischen Kirche gewöhnt. Unter Gefangenen und Wachebeamten „drinnen" herrscht blankes Erstaunen, wenn sie mich mit meiner Berufsbezeichnung kennen lernen.

Innerhalb des Systems Gefängnis bin ich als ehrenamtliche Mitarbeiterin kein Schwergewicht. Ich bekleide keine Machtposition und kann niemandem bedrohlich werden. Das ist gut so. Denn die Schwelle, mir zu begegnen, ist niedrig. Wer es sich mit mir verdirbt, hat keine Konsequenzen zu befürchten.

Meine Position im System Gefängnis entspricht am ehesten der Rolle der „Hofnärrin".

Diese Aufgabe habe ich dem einzigen hauptamtlichen evangelischen Gefängnisseelsorger in Wien, meinem ehemaligen Vikar, Pfarrer Dr. Matthias Geist, zu verdanken. Kurz vor meiner Pensionierung fragte er mich, ob ich in der Gefängnisseelsorge mitarbeiten wolle. Ich bin ihm dankbar für die Möglichkeit, als Pfarrerin im Ruhestand so eine erfüllende Aufgabe wahrnehmen zu können. Er ist in Sachen Gefängnisseelsorge mein Lehrer gewesen und ist es immer noch. Bis jetzt konnte er jede sachliche und fachliche Frage klären. Matthias Geist ist für alle Gefängnisse und deren Außenstellen in Wien zuständig. Eine Aufgabe, die für einen einzelnen Menschen unerfüllbar und unübersehbar ist. Um Gefangenen und Angehörigen intensivere Begleitung anbieten zu können, spricht er seit Jahren immer wieder Menschen an und bittet sie um Mitarbeit. In der Justizanstalt Wien-Josefstadt sind wir derzeit zu dritt ehrenamtlich unterwegs: Seit zehn Jahren besucht Christl Istler dort jeden Mittwoch Gefangene. Seit kurzem ist der ghanaisch-presbyterianische Pfarrer Seth Adzokatse mit dabei. Er ist im Rahmen einer Partnerschaft der Evangelischen Kirche in Österreich und der Presbyterianischen Kirche von Ghana für fünf Jahre in Wien und betreut hier die evangelisch-ghanaische Gemeinde. Im Gefängnis besucht er vor allem Inhaftierte aus Afrika. Für zwei weitere Gefängnisse Wiens konnte Matthias jeweils einen Mann und eine Frau für die Gefängnisseelsorge gewinnen.

An das gern beschworene, sogenannte Gute im Menschen glaube ich nicht. Auch nicht, dass bestimmte Menschen „einfach böse", reine

„Monster“ sind, wie manche Medien angesichts schrecklicher Taten behaupten. Ich bin überzeugt, dass jeder (psychisch gesunde) Mensch mehrdimensionaler und facettenreicher geschaffen ist, als seine Taten vermuten lassen. Je nach Entwicklung und Umständen aktiviert er positive oder negative Energien. Entsprechend fallen seine Entscheidungen, seine Handlungen aus. Fast jeder, fast jede, kann auch ganz anders handeln. Das gilt für mich selbst, für die Menschen, die „draußen“ leben und eben auch für die (geistig gesunden) Gefangenen und Gesetzesbrecher. Theologisch und mit Martin Luther gesprochen ist für mich jeder Mensch „simul iustus et peccator“: zugleich Gerechter und Sünder. Die Reihenfolge dieser beiden Begriffe ist in der lutherischen Theologie Programm. Deshalb begegnet evangelische Seelsorge dem verurteilten Straftäter ebenso wie dem unbescholtenen Bürger.

Ein wunderbares Beispiel, wie sehr ein Mensch beides in sich vereint, schuldiger Täter und warmherziger Mitmensch, hat mir Herr Nikolaus Langmann gegeben. Er ist ein vom Gericht als „gefährlich“ beschriebener Mann. Bereits zum dritten Mal ist er wegen absichtlich schwerer Körperverletzung in Haft. Heftig verkühlt, mit rinnender Nase, besuchte ich ihn. Wir nahmen im Raum für Gespräche Platz. Ich bekam einen endlosen Nießanfall. Er sprang auf, lief zurück in seinen Haftraum und bereitete mir liebevoll einen Tee. Dazu borgte er sich von einem Mitgefangenen eine Orange aus, um mich „mit Vitaminen zu versorgen, weil das wichtig bei Erkältung ist“. Sein Verhalten entspricht nicht dem Bild eines gefährlichen Gewalttäters. Es wird von ihm noch weiter die Rede sein.

Seelsorge im Gefängnis ist Begegnung pur. Wie dieses Beispiel zeigt, ist sie alles andere als eine Einbahn. Die Beziehung zwischen den Gefangenen und mir als Seelsorgerin wird von einer klaren Freiwilligkeit geprägt: Ich komme freiwillig ins Haus, auf die Abteilung, zu diesem oder jener Gefangenen. Sie sprechen freiwillig mit mir, so viel oder so wenig sie wollen. Sie reden von dem, was ihnen gerade im Sinn und auf dem Herzen liegt. Ich habe kein Thema, wenn ich jemanden besuche, sondern lasse mich auf sein Thema ein. Ich verfasse keine Berichte, Gutachten und Diagnosen. Meine Meinung über einen Menschen beeinflusst weder sein Gerichtsverfahren noch die

Entscheidung, ob er auf Bewährung entlassen wird oder seine Strafe bis zum letzten Tag „absitzen“ muss. Zuweilen erzähle ich auch von mir. Als ich eines Tages blau im Gesicht auf Besuch kam, habe nicht ich meine Blessuren zum Thema gemacht. Alle, mit denen ich an diesem Tag sprach, wollten die Herkunft meiner Verletzungen, es war ein Fahrradunfall, genau wissen. Dieses Nachfragen empfand ich nicht als reine Höflichkeit, sondern als echtes Interesse an meinem Wohlergehen. Noch ein Jahr danach schrieb mir ein Gefangener, der inzwischen in einem anderen Gefängnis lebt, zu meinem Geburtstag: „Passen Sie auf sich auf, wenn Sie im neuen Lebensjahr mit dem Rad unterwegs sind.“

Untersuchungshaft oder:
Hohe Suizidgefahr

Die Untersuchungshaft wird vom Haftrichter auf Antrag der Staatsanwaltschaft verhängt. Im Lauf des Jahres 2011 wurde 8391 Mal ein Mensch aus der Freiheit in U-Haft genommenen. Davon waren 65 Prozent ausländischer Herkunft[2]. Wer in Österreich keinen festen Wohnsitz hat, kommt wegen Fluchtgefahr auch bei vergleichsweise geringen Delikten häufiger in Haft. Das erklärt den hohen Ausländeranteil an U-Häftlingen. Weitere Gründe, warum als unschuldig Geltende in Haft kommen, sind Verdunkelungsgefahr, Wiederholungs- oder Ausführungsgefahr der (versuchten) Tat.

Diese Tatsache, dass es sich bei Untersuchungshäftlingen nicht um rechtskräftig verurteilte Verbrecher handelt, verschweigt die Tageszeitung „Kurier" ihren Lesern am 18. Jänner 2013: „Ausländer verüben nicht mehr Straftaten als Inländer, wird der Bevölkerung ständig weisgemacht. In einem Kurier-Artikel hat jetzt aber der Vorsitzende der Justizwachegewerkschaft, Albin Simma, nicht nur über zum Bersten volle Gefängnisse geklagt, sondern dabei auch verraten, dass in der Justizanstalt Wien-Josefstadt 70 Prozent der Gefangenen Ausländer sind."[3]

Die oben angeführten Gründe für den hohen Ausländeranteil nennt der Artikel nicht. Der von Herrn Simma genannte Prozentsatz ist überdies nach oben gerundet. Laut Auskunft der Justizanstalt Josefstadt sind es 60 bis 65 Prozent. Die Schwankungen ergeben sich, da Untersuchungshäftlinge kommen und viele auch bald wieder gehen. Die Fluktuation ist hoch.

Anders ist die Situation bei den rechtskräftig verurteilten Straftätern. Der Ausländeranteil beträgt 47 Prozent. Mehr als fünfzig Nationen sind vertreten. Im Maßnahmenvollzug befinden sich hingegen hauptsächlich Österreicher, derzeit 87 Prozent.[4]

Dieser kleine Bericht ist ein Beispiel von vielen, wie in der Bevölkerung mit Halbwahrheiten Stimmung gemacht und Angst geschürt wird. Nicht was gesagt wird, ist entscheidend. Sondern was verschwiegen wird, erzeugt angsterregende Vorstellungen beim Publikum, dem die vollständige Information vorenthalten wird.

So einseitig und hetzerisch informiert fand sich Heimo Dahmer eines Tages in Untersuchungshaft wieder. Der erfolgreiche Geschäftsmann und bis zu diesem Zeitpunkt unbescholtene Mittvierziger, Vater von drei Kindern, litt Todesängste. Alle Horrormeldungen über die Monster im Gefängnis fielen ihm wieder ein. Er traute sich nicht, duschen zu gehen, weil er erwartete, dabei von wild gewordenen Sexualtätern vergewaltigt zu werden. Er fürchtete, beim Hofgang von den schrecklichen Verbrechern in der Luft zerrissen zu werden. Verängstigt hockte er in seinem Einzelhaftraum und wagte sich nicht heraus. Nach einigen Tagen bekam er einen Mitbewohner. Der rechtskräftig verurteilte Einbrecher, auch er zum ersten Mal im Gefängnis, hatte alle die Schrecken bereits durchlebt und erlitten, die eine erste Inhaftierung mit sich bringt. Er begleitete den Verängstigten beim Hofgang und zur Dusche. Er zeigte ihm die Mitgefangenen als Menschen mit zum Teil heftigen Problemen und wenig geeigneten Lösungsansätzen. Aber eben als Menschen. Er nahm Herrn Dahmer die Angst vor den bösen Verbrechern, indem er ihm geduldig zuhörte, seine Tränen nicht verachtete und ihm als Ansprechpartner Tag und Nacht zur Verfügung stand. Zudem bat er mich, Herrn Dahmer zu besuchen. Er selber hatte in der ersten Zeit seiner Haft meine Besuche als hilfreich empfunden.

Ein weiteres Detail zeigt, wie wenig faktenbezogen die Berichterstattung häufig verläuft. Nicht die bösen Ausländer sind es, die in unser schönes Land eindringen und hier über Frauen und Kinder herfallen. Zum Stichtag 1. März 2013 sind laut Gerhard Nogratnig, dem Leiter der für den Straf- und Maßnahmenvollzug zuständigen Abteilung im Justizministerium, 84 Prozent der verurteilten Sexualstraftäter und -täterinnen österreichische Staatsbürger.[5]

Waren es im Jahr 2001 im Durchschnitt noch 59 Tage, verbrachte ein Mensch, der vor dem Gesetz als unschuldig gilt, im Jahr 2011 bereits 78 Tage in Untersuchungshaft.[6] Zuweilen dauert der Aufenthalt eines Untersuchungshäftlings aber erheblich länger als diese durchschnittlich zweieinhalb Monate.

Die hohe Zahl der Inhaftierungen zeigt, dass die Untersuchungshaft jeden und jede treffen kann. In dieser Zeit zerbrechen Leben.

Im Dezember 2011 kam Herr Nino Breuer in Untersuchungshaft. Er stand unter dem Verdacht, eine junge Frau vergewaltigt zu haben. Neun Monate lebte er in Einzelhaft. Sexualtäter, ob sie verurteilt sind oder nicht, ob ihre Tat nachgewiesen ist oder sie erst unter Verdacht stehen, werden im Gefängnis immer wieder von anderen Häftlingen attackiert. Sie sind die Parias unter den Gefangenen. Zu ihrem eigenen Schutz werden sie gesondert zum Spaziergang gebracht. Sie können auch nicht ohne weiteres einer Arbeit nachgehen, bei der sie mit anderen Häftlingen zusammenkommen.

Neun Monate beteuerte Herr Breuer seine Unschuld. In dieser Zeit schwankte seine Stimmung zwischen Aggression, die er verbal auslebte, und Resignation. Dann lag er nur noch auf seinem Bett und dämmerte vor sich hin.

Ende August 2012 wurde er in seiner Hauptverhandlung freigesprochen und noch am selben Tag entlassen. Der Täter war ein anderer gewesen.

Herrn Breuers Frau hatte sich in der Zeit seiner Haft von dem vermeintlichen Sexualverbrecher scheiden lassen. Seine Arbeit hatte er verloren.

Acht Monate lang fiebert Herr Gerhard Fellner in der Untersuchungshaft dem Tag der Verhandlung entgegen. Der Geschäftsmann ist felsenfest überzeugt, dass sich alle Vorwürfe erklären lassen und keiner der Anklagepunkte zutrifft. Er ist auch sicher, dass er seine Behauptungen mit den entsprechenden Dokumenten untermauern kann. Der Spätfünfziger wirkt überzeugend auf mich. Manches, was er mir aus seinem Leben erzählt, überprüfe ich daheim im Internet. Ich traue mir selber nicht so ganz, weil ich zu wenig skeptisch auf seine Geschichten reagiere. Auf jeden Fall nehme ich ihm mehr ab, als anderen Gefangenen. Alles, was ich im Internet über ihn und sein Leben finde, entspricht seinen Angaben.

Endlich ist es soweit. Die Verhandlung beginnt, muss jedoch verschoben werden, da der wichtigste Zeuge fern geblieben ist. Der Zeuge der Anklage, wohlgemerkt. Mit der ihm eigenen Disziplin meinte Herr Fellner, er habe sich auf nichts eingestellt, und die Dinge kommen lassen. Bis zum nächsten Termin werde er das hier nun auch noch aushalten.

Acht Wochen später, am nächsten Verhandlungstag, erscheint der Zeuge wieder nicht. Eine neuerliche Vertagung ist nötig. Für Herrn Fellner bedeutet das, wieder acht Wochen warten. Er ist sehr blass, als ich ihn am Tag danach besuche. Sein Verteidiger habe sofortige Enthaftung beantragt. Diese wurde von der Staatsanwältin mit der Bemerkung abgelehnt, dass es auf die paar Wochen auch nicht mehr ankäme. Der Anwalt erwägt eine Beschwerde, meint Herr Fellner, um gleich darauf hinzuzufügen: „Aber ich sitze ja trotzdem hier."

Der nächste Gerichtstag bringt wieder kein Ergebnis. Die bis dahin zuständige Staatsanwältin ist nun in Babykarenz. Eine andere Staatsanwältin hat den Fall übernommen. Nachdem die Verhandlung mehrere Stunden gedauert hatte, zog sich der Schöffensenat zur Beratung zurück. Herr Fellner sah dem Urteil freudig entgegen, erwartete er doch ein positives Ergebnis. Nach einer Weile kehrten die drei Richter zurück. Bevor der Berufsrichter das Urteil verkünden konnte, verlangte die neue Staatsanwältin eine weitere Vertagung. Sie hätte nicht genug Zeit gehabt, die Akten zu studieren. Der Vorsitzende wollte den neuen Termin gleich nach dem Wochenende ansetzen. Das war der Anklägerin zu kurz, um den Akt zu studieren.

Herr Fellner, dessen letzter Entlastungszeuge nun auch bestätigt hat, was er selber immer gesagt hatte, sitzt also weiter in Haft. Über ein Jahr ist es nun her, dass er seine in Ungarn lebende Familie zuletzt gesehen hat. Dreimal war der Termin für eine Verhandlung verschoben worden, die ursprünglich für einen halben Tag angesetzt war. Herr Fellner hat alles getan, um mit dem Gericht zusammen zu arbeiten. Er hat alle Unterlagen offen gelegt. Er hat alle Fragen beantwortet. Das Gericht hat offensichtlich alle Zeit der Welt. Herrn Fellner läuft die Zeit davon.

Zweck der U-Haft ist vor allem, die Flucht des Beschuldigten zu verhindern. Sie soll ihn auch von Tatverdunkelung, Verabredung mit möglichen Komplizen oder von der Begehung einer weiteren Straftat abhalten. Vergünstigungen, die rechtskräftig Verurteilte unter bestimmten Voraussetzungen in der Haft erhalten, sind für Menschen in U-Haft unerreichbar. Kein noch so triftiger Grund, z. B. Tod und Beerdigung eines nahen Angehörigen, kann einen Haftaufschub ermöglichen. Eine Anhaltung im gelockerten Vollzug kommt bei

Untersuchungshäftlingen ebenso wenig in Betracht wie Haftunterbrechung oder Ausgänge.[7] Die Korrespondenz von Untersuchungsgefangenen unterliegt der Kontrolle durch das Gericht. Ob ein Brief weitergeleitet wird oder nicht, entscheidet der zuständige Staatsanwalt. Die Weiterleitung der Post hängt also auch von dessen Zeitbudget ab. Staatsanwälte sind vielbeschäftigte Menschen. Manche Briefe liegen lange. Auch Telefonkontakte mit Angehörigen sind nur nach Genehmigung möglich. Zuweilen dauert es Monate bis zum ersten Telefonkontakt mit der Familie.

Auf die Bewilligung, seine neue Anwältin anzurufen, wartete Herr Fellner mehrere Wochen.

Das Leben in Untersuchungshaft soll nach dem Willen des Gesetzgebers den allgemeinen Lebensverhältnissen soweit wie möglich angeglichen werden. Beschränkungen dürfen verhafteten Beschuldigten nur insoweit auferlegt werden, als dies gesetzlich zulässig und zur Erreichung des Haftzwecks oder zur Aufrechterhaltung der Sicherheit und Ordnung in der Justizanstalt notwendig ist. Schädlichen Folgen des Freiheitsentzuges soll auf geeignete Weise entgegengewirkt werden. Dazu würde vor allem auch der regelmäßige Kontakt mit den Angehörigen gehören und eine sinnvolle Beschäftigung.

Anders als bei Strafgefangenen gibt es für Untersuchungshäftlinge keine Arbeitspflicht. Dies stellt jedoch in keiner Weise eine Hafterleichterung dar. Alle unbeschäftigten Gefangenen, mit denen ich gesprochen habe, wären froh, arbeiten zu dürfen.

Manche Untersuchungshäftlinge bekommen von außen keine Unterstützung. Wer keine Arbeit hat, hat also unter Umständen auch kein Geld, um sich die notwendigen Kleinigkeiten des täglichen Bedarfs, wie etwa Briefmarken und Telefonkarten oder Zigaretten, zu kaufen. Strafgefangene, die arbeitswillig sind, aber aus welchem Grund auch immer nicht arbeiten können, bekommen eine sogenannte „Unbeschäftigten-Vergütung“ gutgeschrieben. Diese beträgt ungefähr 70 Euro im Monat. Seit dem Budgetbegleitgesetz 2011 ist für Untersuchungshäftlinge diese Unterstützung gestrichen. Mittellose Beschuldigte können seitdem nur noch mit Unterstützung des sozialen Dienstes einen Brief schreiben oder telefonieren. Sie können von sich aus weder mit der Familie noch mit dem Anwalt Kontakt aufnehmen. Freilich können sie pro Woche eine Briefmarke von der Justizanstalt bekommen, wenn sie darum ansuchen. In meinen Gesprächen bekam ich aber den Eindruck, dass manche das nicht wissen und die, die es wissen, nur zögernd diese Möglichkeit nützen. Die Scham ist groß.

Beschuldigte, die zum ersten Mal in Untersuchungshaft sind, sollen grundsätzlich nicht mit bereits verurteilten Straftätern gemeinsam untergebracht werden. Es ist auch nicht vorgesehen, dass sie bis zu 23 Stunden am Tag, sieben Tage in der Woche im Haftraum eingesperrt sind.

Die Wirklichkeit sieht jedoch anders aus.

In der Justizanstalt Josefstadt leben Beschuldigte und rechtskräftig Verurteilte gemeinsam in den Hafträumen. Herr Dahmer und sein hilfreicher Mitbewohner sind nur eines von vielen Beispielen. Viele Türen sind 23 Stunden am Tag geschlossen. Arbeitswillige können keine Arbeit bekommen. Die Gründe dafür sind einfach: Es gibt nicht genug Raum für Arbeitsplätze. Es gibt nicht genug Personal für Werkstätten.

Menschen, die bis zum Zeitpunkt der Inhaftierung unbescholten lebten und gut integriert waren, haben bei ihrer Inhaftierung das Gefühl, vollkommen und unwiderruflich aus dem Leben gerissen zu werden. Der Schock geht tief. Die Isolation bringt sie zum Rasen, zur Verzweiflung. Männer, die seit Jahren keine Träne vergossen haben, können in diesem Zustand gar nicht mehr aufhören zu weinen.

Laut Jahresbericht der Fachgruppe „Suizidprävention im Strafvollzug" begehen Untersuchungshäftlinge 15 Mal so oft Selbstmord wie die übrige österreichische Bevölkerung und immer noch dreimal häufiger als Gefangene in Strafhaft.[8] Eine Studie aus dem Gefängnis in Innsbruck zeigt, dass alle dort untersuchten Selbstmorde innerhalb von fünf bis sechs Stunden nach Einlieferung in die Haftanstalt ausgeführt wurden.

Diese Zahlen sind allen zugänglich und weithin auch bekannt. Der Vorsitzende der Justizwachegewerkschaft macht dennoch folgenden Vorschlag zur Lösung der Personalnot in den Gefängnissen: „Im Untersuchungshaftbereich ist die Betreuung der Angehaltenen zu hinterfragen", sagte Albin Simma am 29. Jänner 2013 in der Sendung

„Report“ auf ORF2. Deutschkurse oder Sport sind nach Meinung des obersten Vertreters der Justizwachebeamten Österreichs gerade für Untersuchungshäftlinge verzichtbar. Freilich bedeutet jede Stunde, die ein Untersuchungshäftling außerhalb des Haftraumes verbringt, mehr Arbeit für die diensthabenden Beamten. Aber gerade die körperliche Bewegung hilft den Menschen, in der Nacht endlich Schlaf und Ruhe zu finden. Gerade die geistige Anstrengung beim Erlernen einer Sprache bringt den aufgescheuchten Geist auf andere Gedanken. Der Vorschlag von Herrn Simma widerspricht jedenfalls eindeutig dem vom Gesetzgeber vorgegebenen Grundsatz, dass das Leben in Untersuchungshaft möglichst dem normalen Leben angeglichen werden soll.

Weichenstellungen zu Beginn oder:
Die Haft muss nicht zur Falle werden

Im Jahr 1818 wurde im viktorianischen London eine Frau hingerichtet. Nennen wir sie Mary. Mary hatte einen Ehemann. Weil er ein Schaf gestohlen hatte, war er zu vielen Jahren Verbannung in Australien verurteilt worden. Mary vermisste den Geliebten sehr. In der Hoffnung, durch dasselbe Urteil mit ihm in Australien vereint zu werden, stahl auch sie ein Schaf. Ganz gezielt beging sie das gleiche „Verbrechen" wie zuvor ihr Ehemann. Der Richter aber wollte ein Exempel statuieren. Er verurteilte die Frau nicht zum Transport nach Australien. Er verurteilte sie zum Tod durch den Strang. Mary wurde gehängt und sah ihren Mann nicht wieder. Der Richter wollte wohl nicht, dass Marys Idee sich unter Familienangehörigen deportierter Straftäter als zielführend herum sprach.

Warum tut ein Mensch, was das Gesetz und manchmal auch der Hausverstand oder die Menschlichkeit verbieten? Mary jedenfalls tat es aus Liebe.

Jeder Gefangene, jede Gefangene hat ganz eigene Gründe. Manche können sehr klar benennen, was sie zu ihrer Tat gebracht hat. Andere verstehen es, verstehen sich selber nicht. Die Tat, der Täter, die Täterin und auch das Erleben der Betroffenen und Opfer sind immer einzigartig.

Die Frage nach dem „Warum?" spielt am Anfang meiner Gespräche mit einem Gefangenen eine große Rolle. Nicht ich stelle sie in der Regel. Die Gefangenen selber wälzen sie hin und her, schlagen sich regelrecht damit herum.

Gerade zu Beginn der Haft ist ein Mensch ganz auf sich selbst geworfen. Draußen hat jeder viele Möglichkeiten, sich von den Fragen nach sich selbst abzulenken. Diese inneren Fluchtwege stehen in der Haft nicht mehr zur Verfügung. Die Menschen beginnen sich selbst und ihr Leben zu hinterfragen. Nicht nur den aktuellen Anlass der Inhaftierung. Jeder bringt ja sein ganzes Leben mit ins Gefängnis. Als Seelsorgerin höre ich Lebensgeschichten, die auch Tatgeschichten sein können. Aber nie steht die Tat isoliert für sich. Nicht in den Erzählungen. Nicht in der Wirklichkeit.

Die folgenden Beispiele zeigen, dass es sich gerade zu Haftbeginn besonders lohnt, viel Zeit mit Gefangenen zu verbringen.

Ganz besonders wurde Herr Langmann von der Frage „Warum habe ich das getan?“ umgetrieben. Ich lernte ihn kurz nach seiner Inhaftierung kennen. Gleich bei unserer ersten Begegnung erzählte er mir seine Geschichte. Immer wieder war er in handgreifliche Konflikte geraten, immer wieder wegen Körperverletzung verurteilt worden. Die Strafen waren immer länger ausgefallen. Während der letzten fünfjährigen Haft hatte er freiwillig eine Therapie begonnen, sie auch selber von dem wenigen Geld, das er in der Haft verdiente, bezahlt. Als er entlassen wurde, setzte er die Therapie fort. Er war sich sicher: „Ich will niemanden mehr verletzen. Ich werde niemanden verletzen.“ Nun hatte er es wieder getan. Nach nur acht Monaten. Jeden Montag, den Tag meines regelmäßigen Besuches, fragte er mich wieder: „Sagen Sie mir, warum ich das getan habe.“

Ich ermutigte ihn, die Antwort selber zu finden. Nur dann würde sie ihm weiter helfen. Ein ganzes Jahr suchte er in unseren Gesprächen, seine Tat zu verstehen. Er ging den Tag des Geschehens vom Aufstehen in der Früh an in allen Einzelheiten durch. Er plagte sich damit, sein Verhalten zu rekonstruieren von dem Moment an, als er das Lokal betrat, in dem die Auseinandersetzung stattfand. „Ich habe ein Bier bestellt und es ganz friedlich getrunken …“ Monatelang quälten ihn Gedächtnislücken, da er selber bei dem Kampf Verletzungen am Kopf erlitten hatte. Sein Kontrahent hatte zurück geschlagen, womit Herr Langmann nicht gerechnet hatte.

Fast auf den Jahrestag der tätlichen Auseinandersetzung ging ihm ein Licht auf. Ganz nüchtern stellte er eines Tages fest: „Ich habe mich überschätzt. Ich dachte, dass ich mit der Therapie in jeder Situation ruhig bleiben könnte. Ich wollte mir und der Welt beweisen, dass ich auch der größten Provokation gelassen begegnen kann.“ So ging er in ein Lokal auf ein Bier, in dem auch der Mann verkehrte, der ihm einige Wochen zuvor die Freundin ausgespannt hatte. Eine weitere Erkenntnis wird ihn davor bewahren, in Zukunft wieder „auszuzucken“, wie er es nennt. Er kam zu dem Schluss, dass auch die geringste Menge Alkohol eine tief sitzende Wut in ihm hochspült. Ein Tropfen genügt. „Wenn Sie nicht getrunken haben, sind Sie ein angenehmer Mensch“, hatte der Richter in einer früheren Verhandlung gesagt. Leider ist dieser Satz bei Herrn Langmann erst nach einer neuerlichen Straftat in unseren Gesprächen angekommen.

Herr Langmann ist kein Alkoholiker im klassischen Sinn. Er leidet im Gefängnis nicht unter Alkoholentzug. Aber sein Entschluss, nie wieder einen Tropfen zu trinken, scheint mir die sicherste Strategie gegen einen weiteren Rückfall zu sein. In unseren wöchentlichen Gesprächen sträubte er sich lange Zeit hartnäckig gegen meine Hinweise, dass jenes eine Glas Bier vielleicht eine Rolle gespielt haben könnte, als er seinem Vorsatz untreu geworden ist. „Ich bin doch kein Alkoholiker“, protestierte er dann. Nun besucht er im Gefängnis wöchentlich eine Gruppe der Anonymen Alkoholiker.

Als ihm klar wurde, warum er seinen Vorsatz, niemanden mehr zu verletzen, wieder nicht gehalten hat, fiel eine große Last von ihm ab. Die Erkenntnis brachte ihm augenblicklich und schlagartig Erleichterung. Er sagte: „Ich werde meine Strafe machen und in dieser Zeit viel intensiver daran arbeiten, dass ich mich selber nicht überschätze. Ich hätte nach der verbalen Provokation meines Kontrahenten aufstehen und gehen sollen. Ich hätte keinen Alkohol trinken dürfen.“

Herr Langmann hat sich selber einen großen Gefallen getan, als er sich ab dem ersten Tag seiner Haft der langen und mühsamen Suche nach dem Warum gestellt hat. Zum ersten Mal versteht er sich als Täter, wie er selber sagt. Sein Opfer nimmt er nun als Opfer wahr und erkennt dessen Schmerz. Das ermöglicht ihm, die Strafe zu akzeptieren und sie für seine Entwicklung zu nützen.

Dieses Beispiel zeigt besonders deutlich, was alle im Strafvollzug Beschäftigten seit langem wissen: Die ersten Tage, Wochen und Monate der Haft sind für den Täter, die Täterin entscheidend. In dieser Zeit sind sie besonders offen, besonders ansprechbar, besonders berührbar. Jetzt ist das Tor für Erkenntnis noch offen. Die Bereitschaft, an Veränderungen zu arbeiten, sich der Situation zu stellen, sich selbst zu hinterfragen wird nie wieder so groß sein. Der Schock, den die Inhaftierung bedeutet, wirft einen Menschen auf sich selbst zurück. Der Frage „Wer bin ich?“, „Wie lebe ich?“ kann er kaum ausweichen. Menschen, die das erste Mal in Haft sind, spüren das sogenannte „Haftübel“ oft als traumatisches Erlebnis. Andere, die schon wieder da sind, empfinden ihr Scheitern als schmerzliche Niederlage. Je länger aber die Haft dauert, desto geringer ist die Chance, dass neue Entwicklungen entstehen.

Jeder Einsatz an Zeit und Personal erscheint mir in dieser Eingangsphase gerechtfertigt. Hier werden die Weichen für die Zukunft gestellt. Hier entscheidet sich bereits langfristig, wie sich ein Täter entwickelt, wie er sich in Zukunft zu seiner Tat stellt. Ist er bereit, die Verantwortung dafür zu übernehmen, sind die Chancen gut, dass er sich weiter entwickelt. Sucht und findet er Gründe, sich selbst eher als Opfer der Umstände, der Geschichte, seiner Emotionen oder anderer Menschen zu verstehen, hat nicht nur der Täter, sondern vor allem die Gesellschaft ein Problem. Die Wahrscheinlichkeit eines Rückfalls ist hoch.

Gerade in dieser Zeit, wo intensive Begleitung so zielführend ist, sind viele auf sich allein gestellt. Zwei Mal war Herr Langmann bereits in Haft. Aber da war niemand, mit dem er reden konnte. Er selber erzählt, dass er sich immer als Opfer gefühlt habe. Eine Haft, die keine Veränderung bringt, ist verlorene Zeit. Verlorenes Geld. Verlorene Mühe. Nun war er selbst initiativ geworden. Angeregt durch einen Mitgefangenen, hatte er mich um Begleitung gebeten. Nie hätte ich ihn gefunden, dazu ist die Zahl der „Neuen“ zu groß.

Auch Herrn Petri begleitete ich von Anfang an. Der doppelte Akademiker beschrieb mir bei unserem ersten Gespräch, warum er eines Tages einen Pullover anzog, eine Bank betrat, dem Kassier den Finger unter dem Pullover entgegenstreckte und sagte: „Das ist ein Überfall. Geben Sie das Geld her.“ Als dieser das Geld hinlegte, drehte sich Herr Petri um und verließ die Bank. Das Geld ließ er liegen.

Kurz darauf wurde er verhaftet. Das Urteil lautete: fünf Jahre Gefängnis. Jede Minute dieses Tages kann Herr Petri präzise wiedergeben. Alle Gefühle, die ihn umgetrieben haben, beschreibt der Gebildete wie ein Arzt, der Symptome beschreibt. Herr Petri ist Arzt. In den Tagen vor seiner Tat hatte er den Überblick über seine komplizierten Lebensverhältnisse verloren.

wegen mordes verurteilt

er sitzt mir gegenüber
und sagt
er habe seinen sohn
mit in den selbstmord gerissen.
so ist es.

Seine demenzkranke Mutter pflegte und besachwalterte er mit großem Zeitaufwand. Seine Ehefrau hatte die Scheidung eingereicht, da sie sein Verhältnis mit einer jüngeren Frau entdeckt hatte. Die Geliebte machte Szenen, weil sie fürchtete, er werde zu seiner Frau zurückkehren. Sie glaubte ihm nicht, dass er so viel Zeit mit seiner Mutter verbrachte. Sein Hund war so krank, dass er eingeschläfert werden musste, und finanziell sah es trotz einer Arztpraxis auch nicht gut aus.

Dr. Petri diagnostizierte bei sich eine Erschöpfungsdepression. Am Tag der Tat suchte er eine psychiatrische Klinik auf, entschied sich aber dann doch gegen den empfohlenen stationären Aufenthalt. Nachdem er den Hund bei einem Tierarzt hatte einschläfern lassen, zog er einen Pullover über, drückte den Finger durch das Gewebe und betrat die Bank.

„Mir war alles zu viel. Meine Tat war eine Flucht aus einer Situation, die ich nicht mehr im Griff hatte". Seine Strafe kann er akzeptieren. Er versucht, sein Leben zu entwirren.

Die Mutter starb, während er in Untersuchungshaft saß. Die Beerdigung durfte er nicht besuchen. Das schmerzt ihn, auch wenn er meint, dass er sich schon längst von seiner Mutter verabschiedet hatte, da sie ihn oft nicht mehr erkannte.

Die finanziellen Verhältnisse sind immer noch nicht geregelt. Aus dem Gefängnis heraus muss er nun die Verlassenschaft seiner Mutter abwickeln, was schwierige und langwierige bürokratische Vorgänge erfordert. Herr Petri nimmt es gelassen. Er hat ja nun Zeit und genug Abstand zu allem.

Die Gespräche mit mir nützt Herr Petri, um sein wechselvolles Leben zu reflektieren. Zwischen unseren Gesprächen schreibt er mir lange Briefe, schildert chronologisch die Stationen. Er ist bereits in Pension, fragt sich immer wieder, wie er seine Zukunft gestalten könnte. Mit der Zeit findet er aus dem Wirrwarr zu einer Klarheit und kann sich neu orientieren.

Bernhard Moser bekämpfte mit seinen Taten die ganze Gesellschaft, wie er selbst sagt. Bei unserer ersten Begegnung war mir der mehrfache Bankräuber gleich sympathisch. Die grauen Augen blickten mich offen und freundlich an. Seine Stimme empfand ich als angenehm.

Sein Benehmen war ausgesucht höflich. Er freute sich sichtlich über meinen Besuch. Kein Anruf, kein Besuch, kein Brief durchbrach seit Monaten die Eintönigkeit seines Gefängnisalltags. „Draußen“ gab es zu dieser Zeit niemanden, der mit ihm Kontakt haben wollte.

Wir plauderten eine Weile, um uns kennen zu lernen. Dabei beobachtete ich seinen gut trainierten Körper. Die Haltung schien entspannt zu sein. Nein, Gefahr ging von diesem jungen Mann, der als hochgefährlich eingestuft war, für mich nicht aus. Aber da war etwas unter der Oberfläche. In diesem mir offen zugewandten Menschen schien beständig etwas zu vibrieren. Das machte mich neugierig. Ich wagte die Bemerkung: „Sie haben eine Mordswut? Oder irre ich mich total?“ Herr Moser ließ die Arme sinken, die er bis dahin über der Brust verschränkt hatte und fragte zurück: „Woher wissen Sie das?“ Ich erklärte ihm, dass ich nichts wüsste, aber spürte, dass er mit viel Anstrengung etwas ganz bewusst unten hielte.

In den folgenden Wochen umkreisten wir das Thema Wut sehr vorsichtig. Ich wollte nicht, dass es explodierte, dass er sich und mich in Schwierigkeiten brächte. Er fürchtete sich, mit seiner Wut zu intensiv in Kontakt zu kommen. Jede wache Minute sei er sich bewusst, was das für Folgen haben könnte, sagte er mir wiederholt.

Seine große Leidenschaft sind die Naturwissenschaften. Schon im Gymnasium konnte er sich in chemische und physikalische Fragestellungen verbeißen. Bernhard träumte davon, nach Wien zu gehen und Pharmazie zu studieren. Um sich das Geld für ein Studium zu verdienen, arbeitete er in einer großen Firma als Hilfsarbeiter. Am Wochenende verdingte er sich als Wächter bei einem Nachtklub. Er schlief zu wenig, aß nichts Rechtes. Um wach zu bleiben, nahm er die einen Tabletten. Um dann irgendwann doch ein paar Stunden Schlaf zu bekommen, nahm er andere Tabletten. Er begann mit diversen Aufputschmitteln zu handeln, nahm selbst Anabolika und merkte, dass er als Freund gefragt war, wenn er nur genug Geld und Muskeln hatte. Einmal wurde er wegen Handels mit verbotenen Substanzen zu einer bedingten halbjährigen Haftstrafe verurteilt. Heute meint er: „Insgeheim hatte ich mir gewünscht, dass sie mich ins Gefängnis stecken. Ich war in so einem Zustand, dass ich allein nicht herunter gekommen bin. Eine kurze Haft hätte mich gestoppt.“ Ich meine, ohne entsprechende Begleitung wäre auch in dieser kurzen

Haft nichts geschehen, was seinen weiteren Weg positiv beeinflusst hätte. Denn in dieser Zeit begann die Wut in ihm zu wachsen. Die Wut über sein Elternhaus. Die Wut auf die vielen, die ihn zurückgewiesen hatten. Die Wut auf das, was er in unseren Gesprächen „Gesellschaft“ nennt. Wenn wir an diesem Punkt angekommen waren, hielt er regelmäßig inne, sah mich an und sagte: „Aber das alles entschuldigt nicht, was ich getan habe.“

Bernhard Moser überfiel mit ein paar Freunden mehrere Banken. Er wollte sich damit von der „Gesellschaft“ zurückholen, was sie ihm nach seiner Ansicht schuldig geblieben war und Geld für das Studium besorgen.

Als Herr Moser erst kurz in der Josefstadt war, machte mich ein engagierter Beamter auf ihn aufmerksam. In dieser Eingangssituation gelang es Herrn Moser bei unseren wöchentlichen Gesprächen, sein sehr eindimensionales Bild von dem, was er „Gesellschaft“ nennt, zu erweitern. Wenn er sich dankbar zeigte, dass ich ihn so verlässlich und regelmäßig besuchte und mir viel Zeit für ihn nahm, wies ich ihn darauf hin, dass auch ich ein Teil dieser von ihm so verachteten Gesellschaft sei. Wenn er mit warmer Stimme von Tante Ines sprach, dann zeigte ich auch sie als einen Teil der Gesellschaft.

Ein Jahr lang konnte ich ihn jede Woche sehen und mit ihm sprechen. Ein Jahr lang freute er sich auf den Montag, an dem wir einander begegneten. In diesem Jahr versuchte er, mit sich ins Reine zu kommen und kämpfte darum, die hohe Strafe zu akzeptieren, die er anfänglich als ungerecht empfand. Einer der Bande hatte sich als Kronzeuge zur Verfügung gestellt und eine geringere Strafe erhalten.

Herr Moser wurde zusehends ruhiger. Seine Wut steckt wohl immer noch in ihm. Sie raubt ihm aber nicht mehr den Schlaf. Der wilde Einzelgänger ist inzwischen kontaktfreudig und kontaktfähig. Und äußerst selbstkritisch. Er kann in seiner Biographie Situationen benennen, wo er die Möglichkeit hatte, sich auch für einen anderen Weg zu entscheiden. Das alles erzählt er ohne Selbstmitleid.

Wir setzen unsere wöchentlichen Gespräche nun telefonisch fort. Dazwischen korrespondieren wir. Am 9. 8. 2012 schreibt er: „Ich hatte draußen die Chance auf ein *normales* Leben und habe mich für die kriminelle Laufbahn entschieden.“

Herr Moser, der intelligente und nachdenkliche Bankräuber, hat für sich erkannt, dass eine plötzliche und zeitweilige frühe Inhaftierung seine kriminelle Laufbahn wahrscheinlich beendet oder entschärft hätte. Die Chance besteht jedoch nur, wenn entsprechende Begleitung zur Verfügung steht. Sonst verlieren sich Täter, die sich als Opfer erleben, in grenzenloser Wut.

Siebeneinhalb Jahrzehnte seines Lebens war Norbert Lobmeyer, oder Bertl, wie ihn seine Frau liebevoll nennt, ein unbescholtener Bürger. Er hat von seinem Vater eine hochverschuldete Landwirtschaft geerbt. Als einziger Sohn unter lauter Töchtern musste der intelligente und begabte Bub, der so gern „studieren gegangen" wäre, den väterlichen Hof übernehmen. Herr Lobmeyer fügte sich, wie er sich in vieles zu fügen vermochte. Sein Betrieb ist einer der größten und wirtschaftlich erfolgreichsten in der Gegend. Er fand eine Frau, mit der er nun schon über 50 Jahre verheiratet ist. Er bekam Kinder. Alle sind wohlgeraten und in ihrem Beruf erfolgreich. Inzwischen gibt es auch Enkelkinder. Bertl sang im Kirchenchor und trug auch sonst das Seine zum Gemeinwesen bei.

Allenthalben angesehen war Herr Lobmeyer. Vielleicht neidete ihm der eine oder der andere seinen Erfolg. Aber Herr Lobmeyer war immer ein friedlicher Mensch. Konflikten ging er möglichst aus dem Weg.

Dann, in seinem 73. Lebensjahr, geschah etwas, was er selber „die blöde Geschichte" nennt.

Näher wagte er sich während unserer Gespräche an seine Tat nicht heran. Ich kannte sein Delikt und bot ihm wiederholt an, sich die Tat aus der aktuellen Perspektive anzusehen. Herr Lobmeyer wich aus. Herr Lobmeyer sprach von etwas anderem. Herr Lobmeyer begann zu schwitzen und fühlte sich unwohl, sobald unser Gespräch in diese Richtung ging. Die Frage nach dem „Warum" erörterten wir im Lauf unserer vielen Begegnungen nie. Er sah sich als Opfer der Person, die ihn angezeigt und das Verfahren ins Rollen gebracht hatte. Zwei Jahre lautete das Urteil. Davon hatte er die ersten sechs Monate, die entscheidende Anfangszeit, in einem anderen Gefängnis verbracht. Dort fand er niemanden, der sich regelmäßig mit ihm befasst hätte. Als der alte Herr in der Haft Herzprobleme bekam, wurde er nach Wien auf die Krankenabteilung der Justizanstalt Josefstadt verlegt. Ich gab es auf, mit Herrn Lobmeyer über seine Tat sprechen zu wollen. Unsere wöchentliche Unterhaltung drehte sich um die Landwirtschaft, ein Gebiet, auf dem er spannend zu erzählen wusste. Mit seiner Frau hatte er weite Reisen und große Wanderungen unternommen. Auch daran ließ er mich teilhaben. Theater, Konzerte, Literatur – was Bertl an formaler Bildung verwehrt geblieben war, hatte er eigenständig nachgeholt.

Immer wieder überlegte ich, ob diese Art von Besuch nicht Zeitverschwendung sei. Immer wieder behielt ich ihn auf der Liste meiner wöchentlichen Besuche. Die Überraschung erlebte ich beim Abschied.

Aber nicht alle nützen die Chance sich neu zu orientieren. Herr Tiefenbacher besuchte regelmäßig den Gottesdienst. Eines Tages sprach er mich an. „Ich würde mich über einen Besuch von Ihnen freuen." Es klang, als würde der Gesandte des Kaisers von China mir mit einer hochoffiziellen Einladung die Gnade und Ehre erweisen. Ich nahm die Einladung an und fand einen von sich selbst und seiner baldigen Entlassung zutiefst überzeugten Menschen vor. Herr Tiefenbacher war gebildet. Herr Tiefenbacher wusste über vieles qualifiziert zu plaudern. Herr Tiefenbacher arbeitete auch im Gefängnis an seinen Projekten. Herr Tiefenbacher hatte große Pläne für die Zeit danach auf Papier gebracht. Eine ganze Stunde lang erklärte er, belehrte er. Er entwarf großzügige Szenarien der allerfeinsten Art. Wenn er nur endlich wieder draußen wäre.

Herr Tiefenbacher hatte schwere Herzprobleme. Seine Lippen wurden manchmal blau, dann musste er schleunigst ein Medikament schlucken. Sein Atem ging kurz. An manchen Tagen kam er nicht aus dem Bett. Herr Tiefenbacher beschäftigte eine Menge Anwälte. Er wurde in der Zeit, als ich ihn besuchte, von den verschiedensten Gerichten in diversen Bundesländern geladen, vorgeführt, begutachtet. Jedes Mal kam er mit der noch festeren Überzeugung in die Josefstadt zurück, dass Ende des Monats die Entlassung fix sei. Das Monatsende kam. Herr Tiefenbacher blieb. Knapp ein Jahr ging es so dahin. Über sein angebliches oder tatsächliches Delikt wollte der ältere Herr mit den überaus guten Manieren nie sprechen. Das lohne sich nicht, denn Ende des Monats … Eines Tages stieg ich auf seiner Abteilung aus dem Aufzug. Fast lief ich in Herrn Tiefenbacher hinein, der mit zwei Beamten davor stand. In Handschellen. Bleich war sein Gesicht. Die Lippen leuchteten blau. Er käme in eine Justizanstalt für Langstrafige, meinte er noch. „Bald werde ich entlassen. Ich schreibe Ihnen“, waren seine letzten Worte, bevor er in den Lift stieg.

Seit damals habe ich von ihm nichts mehr gehört. Andere Gefangene berichten, dass er zu acht Jahren Haft verurteilt wurde. Was genau sein Delikt war, ist mir nicht bekannt. Aber auch an seinem aktuellen Aufenthaltsort spricht er davon, dass er Ende des Monats entlassen werde, weil Gott und die Welt und vielleicht auch der Kaiser von China sich ja jetzt schon nach Kräften dafür einsetzen. Ein erfahrener Mitinsasse meinte dazu lächelnd: „Wissen Sie, mit dieser Methode vergeht die Zeit auch.“

Das Angebot, sich der eigenen Situation zu stellen, ist immer freiwillig. Manche nutzen die Chance. Andere nicht. Selbstbetrug ist nicht strafbar. Die Tiefenbachers unter den Gefangenen sind jedenfalls kein Grund, anderen die Chancen auf Begegnung und Entwicklung zu nehmen.

Der katholische Kirchenraum in der Justizanstalt Josefstadt hat museale Züge. Der Denkmalschutz hält ihn in der klassizistischen Phase fest. Entwicklung, Gestaltung ist nicht möglich. Ein einziges Stück fällt aus dem sterilen Rahmen. Eine kleine Bronze-Skulptur fängt das Auge des Besuchers und trifft ganz unmittelbar sein Herz. Eine Frau und ein Mann sind hier ganz nah aneinandergeschmiegt dargestellt. An manchen Stellen fließen die Leiber der beiden ineinander. Dabei sind sie einander aber nicht zugewandt, wie das bei der Darstellung eines Liebesaktes üblich ist. Es ist auch nicht die Liebe, die der Künstler hier darstellt, sondern die Tat. Jakob Inhof hat seine Frau getötet. Von links oben nach rechts unten zieht sich ein Riss durch die weibliche Gestalt. Der Betrachter weiß, diese Frau musste sterben. Von diesem Riss steigt ein zweiter, kürzerer in einem Winkel hinauf in die männliche Figur. Er reicht gerade bis zum Herz des Mannes. Beide, das Opfer und der Täter wurden durch die Tat zerstört, erzählt die kleine Bronzeplastik.

Jakob Inhof studierte an einer Kunsthochschule Bildhauerei. Während seiner Haftstrafe entwickelte er sich zum international anerkannten Künstler. Seine Werke sind bei Ausstellungen auf der ganzen Welt zu sehen. Die Bronzeplastik, in die er seine Tat für immer eingegossen hat, erzählt, wie Täter und Opfer für immer verbunden bleiben. Auch wenn Jakob Inhof bereits im Entlassungsvollzug lebt. Er wird nun auf seine Entlassung vorbereitet, indem er langsam zur Selbständigkeit zurückgeführt wird, die Menschen im Gefängnis so unglaublich schnell verlieren. Er muss wieder lernen, in ein Geschäft zu gehen und einzukaufen. Er muss sich bei Fahrplänen und im Straßenverkehr wieder zurecht finden lernen. Er muss lernen, mit einem Handy umzugehen und Wegzeiten abzuschätzen. Er muss sich an die Arbeitszeiten „draußen" neu anpassen, an diesen so ganz anderen Rhythmus als er ihn viele Jahre gelebt hat.

Das alles, so weiß er, tut er als ein Mensch, der von der eigenen Tat zerrissen wurde.

Herr Inhof wird eines Tages vielleicht bei einer Ausstellung als großer Künstler geehrt werden. Auch seine anderen Werke, die ich gesehen habe, beeindrucken mich tief. Für sich wird er wohl immer der Täter bleiben. Dafür hat er selber gesorgt, als er den Mord an seiner Frau in Bronze gegossen hat.

Lange Haftstrafen oder:
Heraus kommen wandelnde Bomben

Der Schock einer ersten Inhaftierung kann durchaus heilsam sein. Die Voraussetzung ist freilich, dass in dieser ersten Zeit ein Gefangener gut begleitet wird. Dann kann der aus der Normalität Herausgerissene sein Leben, seine Ziele, seine Wirrungen reflektieren und selber aus einem gewissen Abstand bewerten. Manch einer erkennt sich selbst als abhängig von Laptop, Handy & Co und nimmt verwundert und erschreckt die „Entzugserscheinungen“ wahr.

Frau Werner, eine gebildete und erfolgreiche Frau, erzählte bei meinem ersten Besuch, dass sie hier im Gefängnis nun endlich wieder mehr als vier Stunden Schlaf bekäme. Jetzt erst merke sie, was sie ihrem Körper und auch ihrem Geist in den Jahren permanenter Selbstausbeutung angetan habe. Sie besuchte in der Zeit der Untersuchungshaft die suchttherapeutische Gruppe. Nicht von einer Substanz wäre sie abhängig, aber von ihrer Arbeit. Nach vier Wochen stellte die Staatsanwaltschaft das Verfahren ein. Frau Werner konnte nach Hause gehen. Zum Abschied meinte sie: „Eigentlich bin ich noch nicht so weit. Ich muss aufpassen, dass ich nicht gleich wieder in das alte Verhalten hineinkippe.“

Ich weiß nicht, ob Frau Werner die Einsicht, die sie in der Haft gefunden hat, in ihrem Leben draußen umsetzen wird. Sie wird aber wohl von nachhaltigen Schäden des „Haftübels“ verschont bleiben, da ihr Aufenthalt im Gefängnis nur wenige Wochen dauerte. Ihr Ruf ist freilich nachhaltig geschädigt. Die Zeitungen hatten genug Zeit, wilde Behauptungen gegen sie durchs Land zu posaunen.

Je länger ein Mensch in Haft bleibt, desto größer ist die Gefahr, dass die Persönlichkeit gestört, der ganze Mensch beschädigt wird. Professor Reinhard Kreissl vom Institut für Rechts- und Kriminalsoziologie in Wien formuliert es so: „Leute, die man für lange Zeit, für Jahrzehnte, unter nicht resozialisierungsförderlichen Bedingungen einsperrt, kommen irgendwann raus. Und sie kommen raus als gesellschaftliche Zeitbombe; HIV-infiziert, hoch aggressiv, keine Ausbildung, keine Perspektive. Wenn Sie die rauslassen, können Sie gleich rechnen, dass die nächste Kriminalitätswelle auf Sie zurollt. Also Sie sperren vorne ein und sagen, okay, ich reduziere die Kriminalitätsrate. Gelingt auch, weil einfach schlichtweg die Leute weg sind, aber irgendwann können sie berechnen, wann die hinten wieder rauskommen, dass die Kriminalitätsrate wieder hochgeht. Also einsperren ist es nicht." Seine Einschätzung stimmt mit der eines mir bekannten rechtskräftig verurteilten Straftäters überein, der sagt: „Wer hinaus kommt, ist eine wandelnde Bombe."

Ein Experiment an der amerikanischen Universität Stanford zeigt, wie schnell diese Entwicklung zur „Bombe" bzw. „Zeitbombe" vor sich geht. Es zeigt auch, welche Eigendynamik ein so geschlossenes System, wie es das Gefängnis ist, in kürzester Zeit entwickelt: Im Keller des Instituts wurden gefängnisartige Räume eingerichtet. Studenten stellten sich als Probanden zur Verfügung. Die Auswirkungen ihrer Haft in engen dunklen Räumen ließen nicht lange auf sich warten. Die Studenten wurden gewalttätig. Das Experiment geriet sehr schnell außer Kontrolle. Nach drei Tagen zeigte ein „Gefangener" extreme Stressreaktionen und musste entlassen werden. Einige der Studenten, die als „Wärter" fungierten, entwickelten sadistische Verhaltensweisen, speziell bei Nacht, wenn sie vermuteten, dass die angebrachten Kameras nicht in Betrieb waren. Teilweise mussten die Experimentatoren einschreiten, um Misshandlungen zu verhindern. Zwei Wochen waren ursprünglich geplant. Nach nur sechs Tagen musste das Experiment abgebrochen werden; insbesondere, weil die Versuchsleiter feststellten, dass sie selbst ihre Objektivität verloren, ins Experiment hineingezogen wurden ... Bei Beendigung des Experiments hatten vier „Gefangene" emotionale Zusammenbrüche erlitten und mussten infolgedessen vorzeitig aus dem Gefängnis entlassen werden. Ein anderer „Gefangener" bekam einen psychisch bedingten Hautausschlag, als er erfuhr, dass sein „Bewährungsgesuch" abgelehnt worden war. Der Rest der „Gefangenen" versuchte, die Situation durch Unterwürfigkeit zu meistern und den Befehlen der „Wärter" so korrekt wie möglich Folge zu leisten. Die Gruppe der „Gefangenen" war zerschlagen, jeder war nur noch Einzelner, auf sich allein gestellt und aufs Überleben fixiert.[9]

Aktuelle Untersuchungen, von der Haft Betroffene und wissenschaftliche Experten sprechen eine andere Sprache als der Populismus des Boulevards mit seinem Ruf nach längeren Haftstrafen. Je länger die Haft dauert, desto schwerer kann ein Mensch in die Gesellschaft zurückkehren und dort so leben, dass er gut integriert ist. Nach neun Jahren Haft stumpfen die Menschen ab, sagen alle Experten. Sie argumentieren auch, dass keine Strafe bis zum Ende abgesessen werden sollte, denn dann werden die Leute ohne Unterstützung einfach auf die Straße geschickt. Bei einer bedingten Entlassung gibt es immerhin weiterhin Begleitung und Kontrolle.

Die vom Boulevard fehlinformierte Bevölkerung meint jedoch, dass Einsperren bis zum allerletzten Tag genug sei. Fort mit dem Täter in die Zelle. Zusperren. Schlüssel wegwerfen. Jetzt ist die Gesellschaft sicher.

Wie dieser Mechanismus der Menschenhatz funktioniert, erklärt Prof. Kreissl[10]: „Wenn Sie über einen Zeitraum von vier Wochen ein Boulevardblatt lesen, können sie schauen, welche passenden Feinde durchs Dorf gejagt werden. Momentan sind es die korrupten Politiker, es können aber auch die Kinderschänder, die rumänischen Diebesbanden, die islamistischen Terroristen sein. Es können die Jugendlichen sein, die immer gewalttätiger werden, oder die schwarzen nigerianischen Drogenhändler. Lesen Sie drei Wochen die Kronenzeitung und Sie haben ein Bestiarium an schlimmen Bedrohungen.

Eine Politik, die sich diese Sentiments, diese Aufregung zueigen macht, wird natürlich ad hoc reagieren. Das heißt, wenn es mir gelingt, über Wochen hinweg medial eine Aufregung aufrecht zu erhalten, dann wird die Politik irgendwann reagieren. Und das ist nicht richtig. Es fehlt die ruhige Hand, es fehlt ein langfristiges rechtspolitisches Programm, das über Tagesaktualitäten hinausgeht und im Grunde genommen fehlt eine Idee: wie gehe ich als Gesellschaft mit den Schwächsten um? Ob das nun Asylwerber sind oder auch Kriminelle oder Leute, die aus irgendwelchen Gründen letztendlich im Strafvollzug landen, das sind irgendwo auch Opfer dieser Gesellschaft.

Die richtig Bösen, die Monströsen, Serienkiller und die U-Bahn-Vergewaltiger, solche Fälle werden hochgespielt, aber das ist nicht die Mehrheit. Das ist ein Prozent geschätzt der Leute, die im Strafvollzug sind. Bei Tageslicht betrachtet ist der resozialisierende Effekt des Strafvollzugs eher gering ... Wenn ich mich jetzt nur auf die Medien verlasse, bekomme ich den Eindruck, in dieser Zeit ist eine extreme Zunahme an Straftaten zu registrieren, die aber real gesehen gar nicht stattgefunden hat. Und das ist es, was die öffentliche Wahrnehmung ausmacht. Und hier ist die Rolle und die Verantwortung der Medien, die meines Erachtens, gerade von den Boulevardmedien, nicht wahrgenommen wird."

Diese Sicht bestätigt auch die Statistik. Besonders aussagekräftig ist hier die Entlassungsstatistik des Bundesministeriums für Justiz: Zwischen 2008 und 2012 wurden 37 991 Personen aus dem Gefängnis entlassen. Davon waren ganze 63 zu mehr als 20 Jahren oder lebenslanger Haft verurteilt worden, weitere 269 Straftäter hatten für ihre Taten Strafen zwischen 10 und 20 Jahren bekommen. Nicht alle von diesen Verurteilten haben Menschen verletzt oder getötet. Herr Moser fällt unter diese Gruppe. Er hat Banken überfallen. Verletzt wurde dabei niemand.

Diesen Tätern und Täterinnen mit schweren Delikten stehen 16 986 Personen gegenüber, deren Straftat höchstens sechs Monate Haft nach sich gezogen hat. Aber in der Wahrnehmung der Öffentlichkeit gibt es nur eine einzige Gruppe von Straftätern. Die der wirklich gefährlichen Fälle.

Bei erstmals Inhaftierten sieht der Gesetzgeber eine sorgsame Dosierung des „Haftübels" vor. Diese Strafgefangenen sollen getrennt von Wiederholungstätern untergebracht werden und sind „in vermehrtem Ausmaß erzieherisch zu betreuen".[11]

In der Justizanstalt Josefstadt können diese Bestimmungen aus Raummangel weithin nicht angewandt werden. Weder die Trennung der Ersttäter, noch die verstärkte Betreuung ist hier möglich. Dies liegt nicht am mangelnden Willen der dort Tätigen, sondern an den äußeren Bedingungen. Die Räumlichkeiten, der Personalstand, die mangelnden Arbeitsplätze lassen die Durchführung der gesetzlichen Bestimmungen nicht zu. Die Wahrscheinlichkeit, dass aus Ersttätern Wiederholungstäter werden, steigt. Der Boulevard schweigt. Die Öffentlichkeit weiß es nicht.

eine rechnung

verurteilt wegen
wiederholtem zechprellen
schaden: etwa 200 € nach rückerstattung
verurteilt zu
33 monaten haft
kosten: etwa 99 000 € ohne energiekosten

Nicht nur der Boulevard spricht von Tätern als „Monster". Auch manche Täter stellen verzweifelt diese Frage. Von der Antwort, die sie für sich finden, die ihnen von außen gegeben wird, hängt die Zukunft ab. Nicht nur die des Täters, auch die der Angehörigen und schließlich auch die der Gesellschaft. Wie ein bis zur Tat Unbescholtener darum ringt, sich seiner Tat zu stellen, um so Zukunft zu gewinnen, erzählt Matthias Geist:

„Niedriges Motiv"

Viele der Begegnungen in einem landesgerichtlichen Gefangenenhaus ergeben sich zufällig. Seelsorger können sich über Gaben, den sogenannten „Bauchladen", bekannt machen. Das behagt mir wenig, weil es zwar auch zum Türöffner werden kann, aber viele Umwege mit sich bringt und insgesamt auszuarten droht. Angenehmer ist es, wenn die Mundpropaganda über andere läuft: Denn häufig werden neue Gesprächspartner von anderen Gefangenen (manchmal auch von Justizwachebeamten) an einen Seelsorger verwiesen.

Herrn Meister hat mir sein Kollege im Haftraum anempfohlen. Beide waren als Zellengenossen wegen dringenden Tatverdachtes in Untersuchungshaft, beide wegen eines Tötungsdeliktes. Während sein junger Mithäftling nicht geständig war, sagte Herr Meister in seinem ersten Gespräch bereits: „Ja, ich habe sie getötet." Das war 7 Monate nach dem Tatzeitpunkt. Nach kurzem polizeilichen Gewahrsam war er zehn Tage lang wieder auf freiem Fuß. Sein fingiertes Alibi war zuerst glaubhaft gewesen. Es war mitkonstruiert worden, weil eine andere unglaubliche, ja für ihn untypische Tat – ein Einbruchsdiebstahl – tatsächlich geplant war. Das wollte und konnte er anfangs aber vertuschen. Gleichzeitig hat er den Grund für diesen Einbruch und den daraus entstandenen, unerwarteten Konflikt mit Todesfolge verdrängt. Glänzend verdrängt, weil ihm die Justiz zu Beginn durch ermittlungstechnische Pannen der Polizei zu Hilfe kam und ihm die Leugnung seiner Tat nicht nur ermöglichte, glaubte, sondern gerade dadurch förderte, dass er sich niemandem anvertrauen oder erklären musste. Und wie Herr Meister merken musste, die Zeit heilt dabei keine Wunden. Sie, ja jede Stunde der Möglichkeit, alles von sich zu weisen, wegzuschieben, verzögert und erschwert vielmehr die Annäherung an das Undenkbare.

So stand ich am Eingang zu seinem Haftraum, sah einen freundlichen, aber müden Blick, sah die Ringe unter den Augen und fragte, ob er denn wirklich einmal mit einem Seelsorger sprechen wolle. Und die Hoffnung, dass da jemand einfach nur zuhört und keinen Druck dabei ausübt, hellte seinen Blick ein wenig auf. Wir vereinbarten wöchentliche Gespräche, die Justizwachebeamten hatten Verständnis. Auch dann, als er bereits Arbeit zugewiesen bekam, unterstützten die Menschen um Herrn Meister, dass er reden konnte, dass er sich die Tränen anfangs verkneifen konnte, wenn sie längst schon den Lidern entlang heraus wollten und er sie gekonnt hinunter- und zurückdrängte. Das Nachsinnen ergebe keinen Sinn, es mache ihn fertig. Ein rasches, gerechtes Urteil: ja, damit sei er einverstanden. Er habe ja doch den Fehler begangen, den Einbruch nicht gut genug geplant zu haben, um seine berufliche, wahrlich „meisterliche" Existenz zu retten. Aber ein langes Warten mit dickem Ende: da kann es nur mehr eines geben. Mit 60 „oder drüber" erst wieder die Freiheit zu erlangen, sei kein Weg: „Ich kann so nicht weiter, ich könnte arbeiten, ich bin kein gefährlicher Mensch: oder sagen *Sie* mir: *Bin* ich ein Monster?"

Die Frage beantwortete ich nicht. Ich schwieg. Die Frage würde er sich zu seiner Zeit beantworten müssen. Und ebenso dauerte es eine längere Zeit, um das Thema Suizid direkt anzusprechen. Zu zerbrechlich standen er und seine ganz kindlich einfache Sprache und gehemmte Denkweise im Vordergrund und damit auch auf dem Spiel: „Ich wollte nur was Kleines wieder gerade rücken, ich wollte zurück zu meinem Leben, aber mich nicht mit den paar Akten erpressen lassen. Das spätere Tatwerkzeug sollte nur ein Einbruchswerkzeug werden, nicht aber eine Mordwaffe."

Wenn wir über Kindheitserfahrungen in der Großfamilie sprachen und über spätere berufliche Erfolge: Es war ein im Großen und Ganzen höchst beschauliches, aber von Sehnsucht nach Anerkennung geprägtes Leben. Die Anerkennung fand er eine Zeitlang beim späteren Opfer, einer dynamischen Frau, die ihm während des außerehelichen Abenteuers zeigte, wo es lang ging, ihm Interesse widmete, bis sie ihn aber auch dirigieren wollte und in ihren Machtbereich bekam. Und bis sie ihm die Anerkennung versagte, weil er seine traute familiäre Lebensform wieder ins rechte Lot bringen wollte. Da war er plötzlich wieder zum Kind, zum Gedemütigten geworden. Und dies schnürte ihm die Kehle zu. Der gedankliche Aussetzer und der folgende emotionale Ausbruch setzten einem Leben, das er nie wieder zurückbekommen würde, ein Ende.

Ein Kampf um das Verstehen hat begonnen und wird wohl sehr lange dauern. Allein die formulierten Sätze im Präsens, die einer Frau galten, die bereits nicht mehr war, zeigten, wie stark das Erleben noch in die Gegenwart hineinreichte. Menschen mit Tötungsdelikten sprechen selten vom Ende, vom endgültig Vergangenen, vom Abbruch der Beziehung – durch ihre eigene Tat hervorgerufen. Die Gefühle hervorzuholen, die er so gut gelernt hatte zu zügeln, das ging nur mühsam. Sobald es Thema wurde, warum noch immer die Haft, „warum, warum, warum ...?", steckten wir uns das Ziel, bei jedem zweiten Gespräch ein wenig weiter zur (Ur)Sache und zu den emotional aufwühlenden Geschichten zu wandern. An den anderen Tagen waren der Alltag im Gefängnis, der freundliche Blick aufeinander, der gemeinsam getrunkene Kaffee, den er liebevoll zubereitete, und so manche handwerkliche Tätigkeit im Vordergrund. Als Selbstständiger kannte er beinahe jeden Winkel in der Großstadt Wien, die kleinste Gasse, ja auch der Dachstuhl und der Besitzer jenes Mietzinshauses, in dem ich lebe, waren ihm aus früheren Jahren bekannt, weil sein fotografisches Gedächtnis kleinste Merkmale speicherte.

Eine seelsorgerliche Herausforderung kann es sein, einen Menschen zu kennen. Ihn in seinen Fasern gespürt zu haben, aber auch das Rechtssystem zu kennen. Die Vergangenheit spielt die große Rolle im Strafprozess, dann auch im Urteil. Die Zukunft bleibt ausgeblendet. Außer für den nachher rechtskräftig Verurteilten, den Strafgefangenen und natürlich seine nächsten Angehörigen. Um sie sorgt sich Herr Meister ungemein liebevoll, aber auch mit kindlicher Scham. Denn ihnen allen hat er ein Rätsel mit unüberwindbaren Folgen aufgegeben. Ihnen bereitet er existenzielle Sorgen um Haus und Berufssicherheit. Ihnen ringt er seit seinem Schlag jene psychische Belastung ab, keinen Schritt mehr aus dem Haus zu gehen, ohne im Dorf und an der Arbeitsstelle bloßgestellt zu sein. So bittet Herr Meister um Unterstützung in den schwierigen Zeiten der Ehefrau, die ihn besucht, auch in ihren ungelösten Konflikten und Zukunftssorgen „draußen".

Am Abend des ersten Prozesstages schreibt er in seinen Kollegblock, in dem er alles minutiös aufzeichnet, was ihm einfällt, was ihm gesagt und vorgehalten wird: „Niedriges Motiv. Hm. Ich bin also hinterhältig.

Letztklassig. Ich gehe noch aufrecht, aber das wird zur Selbstgerechtigkeit gezählt, die ich an den Tag lege. Mein Hirn brummt und kreist und legt sich nicht zur Ruhe, wie ich, der ich atme und Ruhe brauche. Mein Körper wird schwer, aber mein Geist ist hellwach, unstrukturiert schlängelt sich meine Verantwortungslast durch den Kanal beißender Fragen. Morgen wieder. Der letzte anberaumte Tag meiner Gerichtsverhandlung. Wir sind uns schon näher gekommen. Der Richter und ich. Messerscharf wie seine treffenden Provokationen, war auch sein Name: Messerschmidt. Vom Tag vor der Verhandlungstranche vor zwei Wochen bis jetzt haben wir uns gut kennen gelernt. Eine Hassliebe. Jedes Wort sitzt, der Blickkontakt reizt, aber er blendet mich auch. Ich kann mich nicht so äußern wie ich es will. Und wenn es mir gelingt, verhallt mein Gedanke im Raum ohne Echo. Die Geschworenen, die Zuhörer, vor allem die Journalisten sind wie gebannt, wenn die Frage nach der Wahrheit den Raum und die Stimmung ersticken lässt. Und wir sehen doch nur einen Teil unserer aufblitzenden persönlichen Begegnungen. Oben, zweieinhalb Meter vor mir Dr. Heinrich Messerschmidt, unten ich. Vor elf Monaten ein unbeschriebenes Blatt und jetzt knapp vor der Verurteilung."

Herr Meister hatte bei den Geschworenen keine Chance auf eine Verurteilung nach § 76 StGB „Totschlag". Der Staatsanwalt formulierte bis zuletzt die Anklage und die erschwerenden Gründe mit den Worten: „Aus niedrigen Motiven." So wurde es § 75 StGB: Mord, auch letztinstanzlich. Lebenslänglich. Ob Herr Meister wieder Meister seines Lebens wird? Ob er je Annäherung an seine Tat, ob er je Klarheit über sein Scheitern, seine Schwächen, aber auch Freude an seinen Stärken finden wird? Die Ringe unter den Augen wurden mehr, auch seit er in das Strafhaus verlegt wurde. Dort besuchte ich ihn einmal. Das Ringen um die eigene Identität hört wohl nie auf. Auch und schon gar nicht für einen zu lebenslänglicher Haftstrafe Verurteilten. Die Sehnsucht nach dem Ich, das endlich geliebt werden will und wie ein Kind neu anfangen darf, bleibt und prägt Herrn Meisters ganze Existenz, jeden täglich neu gefassten Gedanken. Und doch muss diese unermessliche Selbstenttäuschung tagsüber verdrängt und unterdrückt werden, so wie er es lange geübt hat. Die Wolke könnte sich lichten, aber sie hängt noch über dem Geschehenen und verharrt in ähnlicher Position über seinem Leben. Wäre sie plötzlich weg, könnte jeder Moment zum Zusammenbruch führen. So darf nur zaghaft der Schein eines Lichtstrahls durch die bewölkte Lebenslandschaft eindringen. Die vom Gesetz und dem Strafvollzug abverlangte Reue ist im Fall Herrn Meisters kein knappes Geschehen, begrenzt auf wenige Worte, auf einen Tränenausbruch oder auf eine Lebens- oder Straftatbeichte, auch nicht beschränkt auf wenige Wochen oder Monate. Das kann und kann er nicht verstehen. Er würde lieber die Besinnung schnell hinter sich bringen und nie mehr daran erinnert werden, was ihn in Tag- und Nachtträumen dennoch verfolgt: das Einbruchswerkzeug ist allgegenwärtig.

Die Mutter meldet sich bei mir. Ich versuche, der Ehefrau im Verlassen- und Alleinsein draußen regelmäßig telefonisch unbefangen zuzuhören. Eingeengt auf wenige Quadratmeter in einer neuen Wohnung statt im gemeinsam bewohnten großen Haus, klammert sie sich an den Meister, der so unmeisterlich ihr gegenüber eine andere liebte, und als diese ihn nicht wieder zurückkehren ließ, tötete. Es ist ein anderes Leben, das Frau Meister nun lebt. Und ein anderes, als es je jemand verstehen wird können.

Lebenslänglich, das heißt: Die Hochrechnungen beginnen bei der Ehefrau, natürlich aber auch bei Herrn Meister selbst: 15 Jahre sind das mindestens. Wie alt bin ich dann? Dann ist das Leben vorbei. Ich kann nicht mehr fortsetzen, wo ich aufgehört habe. Ja, ich habe wen getötet, gerechte Strafe und so. Der Kreislauf der Gedanken beginnt sofort wieder. Aber die Frage geht ja tiefer. Wer bin ich? Wer bin ich für andere? Wer darf ich für mich selber noch sein? Kann ich mir in die Augen sehen?

*

Justizwache oder:
Unklares Rollenverständnis

Die Justizbeamten und -beamtinnen tragen einen erheblichen Teil dazu bei, dass Inhaftierte die Situation irgendwie schaffen. Die Mittel, so beobachte ich, hängen ganz von der Persönlichkeit des Beamten, der Beamtin ab. Meine große Hochachtung gilt einem jungen Mann, Vater mehrerer Kinder, der mit kundigem Blick erkennt, wenn ein Häftling in eine Krise kommt. Schon bevor die Dinge eskalieren, nimmt er sich für ihn Zeit, besucht ihn in seinem Haftraum oder spricht mit ihm in einer stillen Ecke der Abteilung. Ruhig und klar. Er gibt dem Menschen zu verstehen, dass er sieht, wie schwer die Situation für ihn ist. Er bietet im Rahmen seiner Möglichkeiten Entlastung an: Eine kleine Arbeit. Der Hinweis, dass Spazierengehen gut tun würde. Eventuell sogar einen Haftraumwechsel, um aus einer festgefahrenen Situation heraus zu kommen. Das alles geschieht mit großer Ernsthaftigkeit und Wärme.

Bernhard Moser hatte das Glück, auf der Abteilung dieses Beamten ein Jahr verbringen zu können. Aus dem unberechenbaren, hasserfüllten Bankräuber wurde in diesem Jahr ein einsichtiger Mensch, der seine Tat als Unrecht benennen kann und seine Strafe akzeptiert. Dieser Beamte war es auch, der mich bat, Herrn Moser regelmäßig zu besuchen, da er dessen Entwicklungspotential erkannte. Nun, da Herr Moser nicht mehr in der Josefstadt ist, erkundigt sich der Beamte, der doch noch so viele andere Häftlinge zu betreuen hat, immer wieder interessiert nach Herrn Moser und richtet Grüße aus. Für Herrn Moser gehört dieser Mann, wie er selber sagt, zu den wenigen positiven Gestalten, denen er in seinem Leben begegnet ist, denn er hat bei ihm ein kleines, für alle unerwartetes, Wunder bewirkt.

Dieser Beamte steht für mich stellvertretend für viele, die auf diese Weise im Gefängnis arbeiten. Ihre Leistung, ihr Einsatz für eine sichere Gesellschaft, scheint mir in keiner Weise im Blick der Öffentlichkeit zu sein. Das erschwert die Arbeit im Vollzug erheblich.

Wenn Entlassene nicht wieder straffällig werden, haben Beamte und Beamtinnen dazu einen enormen Beitrag geleistet. Auch das würdigt die Öffentlichkeit in keiner Weise. Ebenso wenig nützt das Gericht die Erfahrung der Beamten mit den Angeklagten. Sie könnten auf einer ganz anderen Ebene als die psychologischen Gutachter den Menschen beschreiben und seine Reaktionen einschätzen. Täglich erleben sie ihn ja in der extremen Stresssituation der Gefangenschaft. Sie sehen, wie er mit Konflikten umgeht. Sie erleben, wie er auf Enttäuschungen reagiert. Sie wissen, ob und in welcher Weise er sich zu Regeln – seien sie geschrieben oder ungeschrieben – verhält. Manches Urteil fiele wohl anders aus, wenn diese Wahrnehmungen einbezogen würden. Dort, wo sie sich zugunsten der Gefangenen auswirken, hätte auch die Gesellschaft gewonnen. Menschen, die ihr positives Verhalten gewürdigt sehen, neigen dazu, dieses aufrecht zu halten und zu wiederholen. Diese Binsenweisheit aus der Pädagogik trifft gewiss auch auf Straftäter zu.

Kurz nach ihrem vierzigsten Geburtstag wurde Karla inhaftiert. Ihren 43. Geburtstag verbringt sie immer noch als Untersuchungsgefangene in der Josefstadt, wo sie von allen, wirklich allen, nicht respektlos, sondern wertschätzend nur „Karla" genannt wird. Wartend, betend, auf Gott vertrauend. Es ist ein Donnerstag. Ich bin im Haus. Matthias Geist hat mich einige Tage zuvor auf den Geburtstag aufmerksam gemacht. In der Früh schneide ich ein paar Blüten von meinen Balkonblumen ab. Strohblumen sind auch dabei. Ich hoffe, dass sie lange halten. Matthias und ich begegnen Karla zufällig am Gang, wo sie den Boden wischt. Gemeinsam gratulieren wir. Ich kündige für die Mittagspause meinen Besuch auf der Abteilung an. Als ich hinkomme, ist es der schlechteste Zeitpunkt. Alle Beamtinnen sind in hochkonzentriertem Einsatz. Das Essen muss ausgeteilt werden, die „Ausspeis" verteilt die Bestellungen. Durch die Abteilung gehen fremde Beamte mit Gruppen fremder Häftlinge, die zum Spazieren oder zum Arzt oder zum Anwalt gebracht werden.

Ich weiß inzwischen, dass in solchen Momenten niemand Freude hat, wenn ich auch noch daher komme. Eine Weile stehe ich und warte, ob sich das Getümmel wieder legt. Mir scheint jedoch, dass die Hektik und Spannung eher zu- als abnimmt. Ohne Zustimmung der Verantwortlichen kann und will ich Karla die Blumen nicht übergeben. Ich versuche also mein Glück bei der Beamtin, die mir am nächsten ist. „Karla hat heute Geburtstag, darf ich …“ „Ja, ja“, sagt die Frau, die kaum hingehört hat. Sie kennt mich. Der Form ist genüge getan. Jetzt soll ich ruhig gehen und meine Sache machen, sie aber in Ruhe weiter arbeiten lassen. Sie hält inne, blickt auf. Sieht mich freundlich lächelnd an. „Karla hat heute Geburtstag? Danke, dass Sie mir das gesagt haben.“ Damit bin ich endgültig aus ihrem Blick.

Ich überreiche Karla die Blumen, erzähle ihr, woher sie kommen und wünsche ihr, dass sie den nächsten Geburtstag mit ihren Kindern verbringen kann. Wir sitzen entspannt ganz dicht nebeneinander. Karla hat es heut gern, ein wenig Körperkontakt zu spüren. Sie ist gerührt, erzählt, dass sie es manchmal schwer hat und heimlich weint.

Zwei Beamtinnen kommen um die Ecke zu unserem Platz am Gang. Strahlend gehen sie auf Karla zu, drücken ihr die Hand, gratulieren ihr so herzlich zum Geburtstag, als wäre sie eine Freundin. Dann überreichen sie ihr eine kleine süße Sache als Geschenk. Sie nehmen sich kurz Zeit, um Karla zu sagen, wie sehr sie ihre Art schätzen, wie dankbar sie für den guten Einfluss sind, den sie auf die anderen Frauen der Abteilung hat. Dann stürzen sich die beiden wieder in die Hektik dieses Vormittags.

Wie vom Donner gerührt sitzt Karla neben mir. Als sie sich erholt hat, erzählt sie viele kleine Geschichten, Episoden, wie und in welcher Weise ihr diese beiden Frauen täglich zur Seite stehen. Wie sie es ihr so leicht wie möglich machen, mit der Gefängniswirklichkeit zurecht zu kommen.

Als Karla nach beinahe vier Jahren Haft aus der Josefstadt entlassen wird, geht alles sehr schnell. Sie kann sich gar nicht mehr von allen, die ihr lieb wurden, verabschieden. So schreibt sie ihren letzten „11-er Zettel“ an die Evangelische Seelsorge: „Bitte grüßen Sie die Beamtin Frau C. von mir und geben Sie ihr eine Kleinigkeit als Dankeschön dafür, dass sie mich all die Jahre unterstützt hat. Wenn ich wieder zuhause bin, werde ich ihr schreiben.“

Neben diesen positiven Gestalten gibt es auch die anderen. Stellvertretend für seine Kollegen beschreibt der Gewerkschaftschef Albin Simma sein Rollenverständnis als Justizwachebeamter: „Wir sind

Vater, Mutter und Dompteur in einer Person.“[12] Das Bild, das er von seiner Arbeit hat, vermittelt zugleich auch, wie er die Gefangenen sieht. Ihre Rolle ist demnach die der Kinder für diese „Väter und Mütter“ oder die der wilden Tiere für die „Dompteure“. Beide Bilder von den Inhaftierten scheinen mir für das Vollzugsziel eher hinderlich zu sein. Wer wie ein Kind oder wie eine tierische Bestie gesehen wird, entwickelt sich schwerlich zu einem eigenständigen und verantwortungsvollen Erwachsenen.

Beamte, die sich als „Dompteure“ verstehen, haben sowohl männliches als auch weibliches Geschlecht. Ihr Ton ist laut und aggressiv. Ihre Strategie ist Einschüchterung. Gefangene, die Angst haben und kuschen, machen weniger Arbeit. Einige wenige dieser „Dompteure“ schlagen schon auch einmal zu, berichten mir die Leute. Wenn ich höre, in welchen Situationen das geschieht, habe ich den Eindruck, dass das vor allem aus Unwissenheit und Überforderung geschieht.

Am meisten schmerzt die Gefangenen die Verachtung, die sie hier zu spüren bekommen. Dann bleibt den Inhaftierten als einzige Möglichkeit nur, sich möglichst unsichtbar zu machen. Anliegen und Anfragen, der Wunsch nach einem Arzt, die Abgabe eines Briefes, die Bitte, telefonieren zu dürfen, verschieben die Leute auf einen Zeitpunkt, wo so ein Beamter nicht im Dienst ist.

Das trifft selbst auf meine Arbeit zu: Wenn Frau X Dienst hat, kann ich gleich wieder umkehren. Nicht ein einziges Mal war es mir bisher möglich, mit einem Gefangenen während ihrer Anwesenheit auf der Abteilung zu sprechen. Es ist schon möglich, dass der Betreffende gerade im Spazierhof, dann auch noch beim Arzt und danach beim Anwalt ist. Wenn ich dann zum wiederholten Male am selben Tag komme, und nun leider, leider kein Raum frei ist oder mein Besuch aus Sicherheitsgründen unmöglich ist, gehe ich wieder fort und denke mir beim ersten Mal: „So ein Pech.“ Wenn das aber Woche für Woche geschieht, kann ich nicht mehr an solche Zufälle glauben.

Herr Y verhinderte den Kontakt mit Herrn Moser zu Beginn meiner Besuche. „Aus Sicherheitsgründen“ könne er mich nicht mit dem Mann sprechen lassen. Das kann immer wieder der Fall sein, wenn der Beamte allein auf der Abteilung ist, wenn ein Neuzugang zu erwarten ist, wenn gerade gespannte Stimmung durch Probleme mit einem anderen Gefangenen herrscht, und alle Aufmerksamkeit sich auf diesen konzentriert. Als ich jedoch immer wieder mit derselben Begründung weggeschickt werde und erlebte, dass andere Beamte mich jederzeit mit Herrn Moser sprechen ließen, ja, dieses sogar wünschten und förderten, protestierte ich. Herr Y lud mich zu einem Gespräch ein und erklärte mir seine Auffassung von Sicherheit. Er wolle nicht, dass mir etwas geschehe. Das will ich auch nicht. Ich dankte ihm höflich für seine Wachsamkeit und sein Engagement und ging an diesem Tag wieder fort, ohne meinen Besuch gemacht zu haben. Beim nächsten Mal ließ er mich ohne zu zögern mit Herrn Moser sprechen. Er hatte seinen Standpunkt klar gemacht. Wenn wir uns heute in den langen Gängen des Gefängnisses begegnen oder gemeinsam im Lift fahren, grüßt er mich freundlich.

Mir bleibt die Erkenntnis, dass das Zauberwort „Sicherheit" alle Türen sofort verschließt. Immer wieder fällt mir auf, dass jeder mit dem Beschwören der Sicherheit jederzeit Maßnahmen und Möglichkeiten zugunsten der Gefangenen mühelos abwürgen kann. Ich weiß wohl, dass Menschen, die auf engem Raum unter enormem Druck leben, möglicherweise ohne Vorwarnung „explodieren" können. Dort, wo der Druck auf sie zunimmt, indem der geringe Spielraum, der ihnen zur Verfügung steht, noch mehr eingeschränkt wird, erhöht sich wohl auch die Explosionsgefahr. Ich weiß auch, dass die Justizwachebeamten unter hohem Druck stehen. Die Öffentlichkeit nimmt ihre Arbeit in der Regel nur wahr, wenn etwas schief läuft, ein Gefangener flüchtet oder in einem Gefängnis unerwünschte Vorfälle geschehen. Die unzähligen Situationen, in denen Wachebeamte mit Einfühlungsvermögen, psychologischem Geschick und menschlicher Zuwendung die „Explosion" eines Häftlings verhindern oder abmildern und auffangen, nimmt „draußen" niemand wahr. Wenn ein einziger Gefangener im Jahr flüchtet und 8999 sicher im Gefängnis bleiben, ertönt der Ruf nach verstärkter Sicherheit. Die Bleibenden werden für die Flucht des einen bestraft.

Unter dieser Situation leidet aber auch der eine oder andere Beamte. So fragt ein anderer Justizwachebeamte, dessen Name nicht veröffentlicht werden durfte: „Sind wir nur fleischgewordene Vorschriften?"[13] Bedenklich scheint mir hier nicht die Frage zu sein, sondern, dass sie anonym gestellt werden muss. Ein offener Diskurs zum Rollenverständnis ist für jede Berufsgruppe sinnvoll und wünschenswert.

Dieser geschah bereits 2007 ausführlich und offen in einem Dokument der WHO:[14] „MitarbeiterInnen in Justizanstalten haben Schwierigkeiten, ein intaktes und positives Rollenverständnis aufzubauen. Sie erleben eine unüberwindbare Spannung zwischen der Anforderung, eine aktive Rolle in der Resozialisierung der Gefangenen zu spielen, und der Gefängniswirklichkeit, die sie auf die Rolle des *Schließers* reduziert. Das Rollenbild schwankt zwischen *Wächter* (guard) und *Helfer* (helper). Gewöhnlich fehlen öffentliche Anerkennung und sozialer Status dieser für die Gesellschaft wichtigen Arbeit. Das alles trägt zu einer Rollenverwirrung bei."[15] Dies habe sowohl Folgen auf die Entwicklung der Gefangenen als auch auf die Gesundheit der Beamten, zeigt die Studie. Die Gesellschaft ist davon ebenfalls unmittelbar betroffen, da versäumte Entwicklungen von straffällig gewordenen Menschen letztlich auf die Gesellschaft zurückfallen.

Die Vater-Mutter-Rolle erscheint mir im Umgang mit den Häftlingen ebenfalls schwierig zu sein. Als eine Insassin an mehreren Tagen hintereinander jeweils einen Brief mit der Post von außen bekam, händigte die Beamtin am zweiten und am dritten Tag den jeweils frisch eingegangenen Brief nicht aus. Sie wolle nicht, dass die Frau sich an zu viel Post gewöhne. Wenn sie nächste Woche weniger Briefe erhielte, wäre sie enttäuscht. Die Beamtin ließ mehrere Tage verstreichen, bevor sie den nächsten Brief weiter gab. Diese mütterliche Sorge ist wohl gut gemeint, nimmt aber die Gefangenen nicht als das ernst, was sie sind: Erwachsene, die ein Recht darauf haben, ihre private (und vom Gericht erlaubte) Post dann zu empfangen, wenn sie eingeht.

Seit dem Jahr 2013 gilt in Österreich für Justizwache und Polizei eine Dienstrechtsnovelle. Im Fall einer rechtswirksamen Anklage wegen Sexual- und Folterdelikten werden Beamte nun sofort vom Dienst suspendiert. Nach einer rechtskräftigen Verurteilung verlieren sie unabhängig vom Strafausmaß ihr Amt. Dieses neue Dienstrecht bereitet jedoch dem Gewerkschaftschef Albin Simma „große Sorgen", weil es den Dienst der Justizwache „enorm erschwert", teilte er am 15. November 2012 mit.[16] Simma beklagt sich über die „die anlassbezogene Gesetzgebung“ wegen einiger „schwarzer Schafe“. Bemerkenswert erscheint mir, dass Herr Simma in dem Interview gegenüber der interessierten Öffentlichkeit nicht zwischen Anzeige und rechtskräftiger Verurteilung unterscheidet. Nicht eine Anzeige setzt den neuen disziplinarischen Mechanismus in Kraft, sondern eine rechtskräftige Verurteilung durch ein Gericht nach einem ordentlichen Verfahren.

Gerade angesichts einiger „schwarzer Schafe“, deren Existenz Herrn Simma offensichtlich bekannt und bewusst ist, müsste die Gewerkschaft das neue Dienstrecht freudig begrüßen, sorgt es doch für eine Aussonderung von Personen, die für den Dienst als Justizbeamte ungeeignet sind. Worin die Erschwerung des Dienstes im Gefängnis genau besteht, hat Herr Simma in dem Interview nicht näher erläutert. Ich bemühe mich, meine dadurch geweckten Phantasien zu zügeln.

In Deutschland ist die Lage etwas anders. Selbstverständlich gilt hier auch das Folter-Verbot. Die disziplinarrechtlichen Konsequenzen sehen jedoch zumindest im Fall des entführten und ermordeten Kindes Jakob von Metzler anders aus. Die verhörenden Beamten wollten das Leben des Kindes retten und drohten dessen Entführer schwere Folter an, falls dieser nicht den Aufenthaltsort des Kindes verrate. Unter dem Eindruck dieser Drohung nannte der Kidnapper das Versteck. Dort wurde das Kind jedoch nur noch tot aufgefunden. Die beiden Beamten wurden in einem Gerichtsverfahren schuldig gesprochen und zu einer Geldstrafe verurteilt. Vom Dienst suspendiert wurden sie jedoch nicht. Der in seinen Menschenrechten beeinträchtigte Entführer und Mörder des Kindes erhielt in einem weiteren Verfahren 3000 Euro Entschädigung zugesprochen. Diese wurde vom Land Hessen, dem Dienstgeber der verurteilten Beamten, bezahlt.[17]

Manche Ansichten und Bemerkungen des Gewerkschaftsbosses sind durchaus geeignet, beim genauen Hinhören Gänsehaut zu erzeugen. So befürwortet Herr Simma als Repräsentant aller Justizwachebeamten lauthals den „kalten Entzug“ bei inhaftierten Drogenkranken. Er spricht sich damit für ein Absetzen hochwirksamer, giftiger Substanzen ohne begleitende Maßnahmen in Form von unterstützenden Medikamenten aus.

Die größte Gefahr des „kalten Entzugs“ stellen die Entzugssyndrome dar, die unbehandelt ein großes gesundheitliches Risiko, bisweilen bis hin zur Lebensgefahr darstellen können. Je nach Substanz kann es zu Übelkeit, Erbrechen, Delirium, Zwangsstörungen, Depersonalisation oder Entzugsanfällen kommen.[19] Die Kosten für die Substitutionstherapie belaufen sich pro Person und Tag auf durchschnittlich 3,30 Euro.[20] Herr Simma nennt das „Geldverschwendung“.[21]

Zum Stichtag 1. Oktober 2012 befanden sich laut Bericht über den Strafvollzug 2012 insgesamt 785 Personen in Substitutionsbehandlung. Ich beobachte, dass in dieser Gruppe von Gefangenen eher jüngere Menschen sind. Nach Ansicht von Ärzten ist Sucht eine chronische Erkrankung. Mir ist nicht bekannt, auf welche medizinischen Berichte sich Herr Simma mit seiner wiederholt geäußerten Befürwortung des kalten Entzugs beruft.

Auch wenn er beklagt, dass Häftlinge von den Beamten zu „Therapien, die nichts bringen“, vorgeführt werden, gemeint sind Psycho- und Gruppentherapien, und damit die Zeit der Beamten ungebührlich beansprucht wird[22], geht nicht hervor, auf Grund welcher medizinischen und therapeutischen Forschungsergebnisse der Gewerkschafter dieses pauschal festzustellen vermag.

Ebenso meint er beurteilen zu können, dass es in jedem Fall ausreicht, die Gefangenen durch die im Gefängnis vor Ort praktizierenden Ärzte behandeln zu lassen. Ausführungen in ein Spital sieht er angesichts der Gefängnisärzte als unnötigen Kostenfaktor an.[23] Es spricht für die im Gefängnis arbeitenden Ärzte, dass sie wie andere Mediziner auch ihre Grenzen kennen und Patienten dorthin überweisen, wo sie kompetent betreut werden. Im zitierten Artikel schwingt für mich zwischen den Zeilen der Vorwurf Simmas an die Ärzte mit, dass sie ihre Arbeit nicht tun wollen oder nicht kompetent genug wären.

Die Gewerkschaft der Justizwachebeamten ist ein unverzichtbarer Gesprächspartner, wenn es um Veränderungen und Verbesserungen im Strafvollzug geht. Sie wird von denen, die sich für Verbesserungen einsetzen, als zum Teil unüberwindliches Hindernis für nötige Reformen gesehen. Das aber will niemand laut sagen. Denn niemand will sich mit der Gewerkschaft anlegen. Das ist leicht zu verstehen. Was würde geschehen, wenn die Justizwachebeamten geschlossen in den Streik treten?

Haftalltag oder:
Unerhörte Nebenwirkungen

Bei einer ökumenischen Tagung österreichischer Gefängnisseelsorger und Gefängnisseelsorgerinnen sagte eine erfahrene katholische Kollegin: „Gefangenschaft ist körperliche Züchtigung." Diese Sicht der Gefängnisstrafe mag überraschen. Mancher wird hier auch widersprechen.

Unbestritten ist, dass der Alltag in einer Haftanstalt sowohl in seinen Abläufen als auch in seinen Folgen Auswirkung auf den Körper des Gefangenen hat. Auf seine Gesundheit. Auf seine Augen. Auf seinen Schlaf. Auf seine Motorik.

Wenn ich im Gefängnis Menschen begegne, schaue ich genau hin. Wie ist ihr Gang, wenn sie ins Sprechzimmer kommen? Wie fällt ihr Schritt, wenn sie zu ihrem Haftraum zurückgehen und vor der Türe darauf warten, gleich wieder eingeschlossen zu werden? Kopfhaltung, Schultern, Nacken, manchmal erzählen die Körper das, was Worte nie sagen würden.

Das Strafvollzugsgesetz gesteht jedem Insassen einer Haftanstalt mindestens zweimaliges Duschen pro Woche zu. Dort, wo es möglich ist, dürfen und sollen Gefangene auch öfter duschen. Ich erlebe, dass der Duschtermin einen enormen Stellenwert bei den Gefangenen hat. Herr Langmann, mit dem ich immer ausführliche Gespräche über seine Tat und sein Leben führe, wartet jeden Montag sehnsüchtig auf meinen Besuch. Das ganze Wochenende freue er sich schon darauf, sagt er immer wieder. Dennoch hat er einmal das Gespräch mit mir abgelehnt, da er gerade die Erlaubnis zum Duschen erhalten habe. Wenn er nicht gleich gehe, würde er heute nicht mehr duschen können. Auf manchen Abteilungen ist es auf Grund der hohen Belagszahl tatsächlich notwendig, die Duschzeiten sehr strikt einzuteilen.

Während sommerlicher Hitzeperioden steht in manchen Abteilungen die Luft, sodass ich nach wenigen Minuten schweißgebadet bin. Wie es da in Hafträumen duftet, in denen sich acht bis zehn ungeduschte Männer 23 Stunden am Tag aufhalten, stelle ich mir lieber nicht vor.

Ein junger Mann, der zu einer lebenslangen Haftstrafe verurteilt ist, erzählt, wie er für sich das Problem Duschen löst. Er habe ja genug Zeit. Darum stelle er sich in der Toilette in die Plastikschüssel, die fürs Wäschewaschen bereit steht. Dann begießt er sich von oben bis unten mit Wasser, lange und ausgiebig. Nachher ist alles angespritzt. Aber er hat ja Zeit. Die ganze Prozedur dauert inklusive aufwischen mehr als eine Stunde. Und schon wieder ist an diesem Tag ein wenig Zeit vergangen.

Dort, wo tägliches Duschen nicht möglich ist, sollte gemäß Strafvollzugsgesetz den Insassen wenigstens immer warmes Wasser im Waschbecken zur Verfügung stehen.

Als Herr Moser von der Justizanstalt Josefstadt in ein Haus für Langzeithäftlinge überstellt wurde, schrieb er mir in seinem ersten Brief überrascht: „Hier gibt es für mich nur kaltes Wasser, da ich in eine Zugangsabteilung für gefährliche Straftäter gekommen bin.“ Und er fügt sofort hinzu: „Das hat mit meiner Vorgeschichte zu tun. Ich brauche mich also nicht zu beschweren.“ Auch wenn Herr Moser für sich einen Weg gefunden hat, die Situation zu akzeptieren, entspricht die Ausstattung dieses Haftraumes nicht den Vorschriften. Nach mehreren Wochen in der Zugangsstation wurde er auf eine andere Abteilung verlegt, wo nun auch täglich warmes Wasser fließt.

Nicht alle Abteilungen der österreichischen Gefängnisse sind mit Duschen ausgestattet. In der Justizanstalt Stein, wo vor allem Männer mit sehr langen Haftstrafen leben, gibt es nicht auf allen Abteilungen Duschen. Zweimal in der Woche müssen die Bewohner der duschenlosen Abteilung unter hohem Personalaufwand in eine andere Abteilung geführt werden, um dort unter die Brause zu kommen. Von allen Seiten tönt es im Land, dass der Strafvollzug an chronischem Personalmangel leidet. Und dann wird die kostbare Zeit der Wachebeamten damit vertan, Häftlinge zum Duschen durchs Haus zu führen. Der Einbau von Duschen würde zwar kurzfristig Kosten verursachen, aber langfristig die Beamten von unnötigen Aufgaben befreien. Sie hätten dann Zeit für Tätigkeiten, die direkt dem Ziel des Strafvollzugs dienen, nicht nur der Waschung der Häftlinge.

Noch viel wichtiger als für die männlichen Gefangenen ist die Dusche für inhaftierte Frauen. Haben sie doch während ihrer Menstruation ein erhöhtes Reinheitsbedürfnis. Viele Frauen bemühen sich mit viel Energie und Anstrengung, auch in der Haft gepflegt zu sein.

Frau Leimer, deren rundum gepflegtes Äußeres mir von Anfang an aufgefallen ist, weihte mich eines Tages in ihr Geheimnis ein. In der Haft stehen ja den Frauen ihre gewohnten Kosmetika nicht zur Verfügung. Auf der wöchentlichen Einkaufsliste für die sogenannte Ausspeis, stehen nur einfachste Pflegeartikel wie Seife, Haarshampoo, Tampons, Toilettenpapier, Taschentücher auf der Bestellliste. Keine speziellen Cremes und Wässerchen für die Schönheit. Das würde dem Grundgedanken des Strafvollzugs nach *Einfachheit* in der Lebensführung der Gefangenen widersprechen.

Frau Leimer kreuzt auf der Liste die Produkte Joghurt, Olivenöl, Haferflocken, Nüsse an. Aus diesen Ingredienzien mischt sie sich eine Paste, mit der sie täglich ihr Gesicht wäscht. Ab und zu leistet sich Frau Leimer noch eine Banane, die sie dem Brei hinzufügt. Das Ergebnis ist erstaunlich. Die anderen Frauen auf der Abteilung folgten zum Teil ihrem Beispiel. Die Kosten dafür bezahlt sie von ihrem „Hausgeld“, einem gefängnisinternen Konto, das von der Bezahlung ihrer Arbeit gespeist wird.

Das Strafvollzugsgesetz sieht den Bereich Körperpflege und Hygiene als noch zu vollendende Baustelle an. Bis zum Jahr 2017 sollen nach dem Willen des Gesetzgebers alle Hafträume mit einer abgetrennten WC-Anlage ausgestattet sein. In einigen Jahren kann also jeder Häftling damit rechnen, dass seine Ausscheidungsdüfte und -geräusche nicht mehr ungeschützt von seinen Mithäftlingen wahrgenommen werden. Oder anders herum betrachtet: Ab diesem Zeitpunkt müssen Häftlinge nicht mehr die Ausscheidungsaktivitäten der Mithäftlinge unmittelbar mit allen dazugehörigen Begleiterscheinungen miterleben.

Aber auch dort, wo es bereits abgetrennte WCs in den Hafträumen gibt, ist die Intimität nicht immer gegeben. Manche Wand ist zu dünn, manche Türe schließt nicht richtig.

Herr Langmann hat für sich – wie viele andere – eine annehmbare Lösung gefunden: Bevor er die Toilette benützt, dreht er das Wasser im Handwaschbecken auf. So hören die Mitbewohner das Wasser im Waschbecken plätschern, das alle anderen Geräusche übertönt. Was das für den Verbrauch von frischem Trinkwasser bedeutet, kann ich gar nicht abschätzen. Neuen Mitbewohnern im Haftraum gibt Herr Langmann erst einmal eine Einführung in den Gebrauch der Toilette. Wenn einer der Haftraumbewohner gerade isst, haben die anderen mit dem Gang auf die Toilette zu warten, bis dieser fertig gegessen hat.

Zudem schaut Herr Langmann darauf, dass in der Toilette absolute und penible Sauberkeit herrscht und auch das Waschbecken nach jeder Benutzung ausgewischt wird. Diese Forderung muss er jedem neuen Mitbewohner verständlich machen. Nicht alle haben dasselbe Bedürfnis nach Reinlichkeit. „Nur weil ich zu oft in meinem Leben hingehaut habe, bin ich noch lange kein Schwein", bringt Herr Langmann seine Einstellung auf den Punkt.

Das Strafvollzugsgesetz sieht ebenso Folgendes ausdrücklich vor: „Weigert sich ein Insasse, seinen Körper zu pflegen oder pflegen zu lassen und ist sein Zustand ekelerregend oder gesundheitsgefährdend, so ist ihm zunächst eine entsprechende Anordnung zu erteilen. Im Falle der Nichtbefolgung dieser Anordnung ist der Insasse einer zwangsweisen Körperpflege zu unterziehen."[24]

Auf meinen Wegen durch die Gänge und Abteilungen der Justizanstalt Josefstadt sah ich nicht einmal einen Gefangenen, der so eine zwangsweise Reinigung nötig gehabt hätte. Im Gegenteil. Ich bin immer wieder überrascht, mit welcher Sorgfalt sich die Menschen im Gefängnis pflegen.

Immer wieder geschieht es, dass ein Inhaftierter nach der Arbeit sich zwischen Duschen oder Hofgang entscheiden muss. Das Duschen bekommt dabei regelmäßig den Vorzug, sagen mir meine Gesprächspartner.

Alle Häftlinge, die ich zu Gesicht bekomme, soweit sie geistig und körperlich gesund sind, können jedenfalls für ihre Pflege selber sorgen. Ich kann mir durchaus vorstellen, dass in Häusern, in denen psychisch schwer erkrankte Straftäter untergebracht sind, die Dinge anders liegen.

die feile

Ich habe eine feile vorgefunden
im maßnahmen-gefängnis:
in der hand eines wachebeamten.
er feilte an der fersen-hornhaut
eines insassen.

Manchmal kommt einer meiner Gesprächspartner nicht so gepflegt wie sonst aus dem Haftraum. Dann weiß ich, dass er in einer akuten Krise steckt. Ist er beim nächsten Besuch wieder rasiert, gewaschen und ordentlich frisiert, nehme ich an, dass er sich erfangen hat. Hält der Zustand gelinder Vernachlässigung weiter an, spreche ich ihn darauf an.

Zur Körperpflege gehört für manche auch, dass sie bügeln. Der diensthabende Beamte verwahrt das Bügeleisen und händigt es auf Anfrage aus. Ein Mann um die vierzig, verurteilt wegen vielfachen Einbruchs, bügelt nicht nur seine eigenen Hemden und Hosen, sondern macht auch für Mithäftlinge die Bügelwäsche. Da er zurzeit keine Arbeit hat, verbringt er täglich ein paar Stunden mit Bügeleisen und Bügelbrett. Mehr als fünfzig Häftlinge leben auf seiner Abteilung. Da gibt es schon allerhand zu glätten. Für ihn bedeutet es, seine Selbstachtung zu bewahren und den Mitgefangenen einen Dienst zu erweisen. Als ich ihn auf sein perfekt gebügeltes Hemd anspreche, ist er sichtlich erfreut.

Der Akademiker Petri trägt Jeans und Leiberl. Auch er bügelt seine Kleidung penibel. Er wurde für einige Zeit aus verfahrenstechnischen Gründen in eine niederösterreichische Haftanstalt verlegt. Bei seiner Rückkehr in die Josefstadt brachte er folgende Geschichte mit: Er wusch und trocknete seine Wäsche. Dann wollte er wie gewohnt das Bügeleisen „ausfassen". Der Beamte meinte jedoch: „Was brauchen S' a Bügeleisen? Gehen S' zerknittert, wie die andern auch." Herr Petri neigt nicht zur Wehleidigkeit. Er versteht sich nicht als Opfer, weiß, dass er ein Täter ist. Den Beamten zitiert er verschmitzt, mit einem Augenzwinkern. Mich lässt diese Geschichte jedoch ratlos zurück. Im Strafvollzugsgesetzt ist viel von erzieherischen Maßnahmen die Rede. Ist es tatsächlich ein erstrebenswertes Erziehungsziel, dass die Gefangenen lernen „zerknittert zu gehen", anstatt auf ihr Äußeres zu achten?

Wer in Haft kommt, wird nicht nur in Bezug auf Körperpflege, sondern auch als Patient[25] entmündigt. Die jeweilige Justizanstalt ist laut Gesetz zur Gesundheitsfürsorge der Insassen verpflichtet. Ärztliche Experimente an Inhaftierten sind ausdrücklich verboten. Wenn jedoch ein Häftling, ganz gleich ob er sich in Strafhaft oder in Untersuchungshaft befindet, eine ärztliche Untersuchung oder eine vorgesehene Behandlung verweigert, „so ist er dieser zwangsweise zu unterziehen".

Von dieser Zwangsmaßnahme sind vor allem Menschen betroffen, die im Maßnahmenvollzug untergebracht sind. In der Justizanstalt Mittersteig befinden sich sowohl rechtskräftig verurteilte Straftäter als auch Untersuchungshäftlinge. Ein Mensch, der vor dem Gesetz als unbescholten gilt, muss also unter Zwang Medikamente mit hochwirksamen Substanzen einnehmen, ungeachtet der Nebenwirkungen, die zum Teil gravierend sind: Rapide Gewichtszunahme, Zittern, beständige Müdigkeit bzw. Konzentrationsstörungen. Wer sich weigert, die Medikamente einzunehmen, verspielt die Möglichkeit auf Entlassung, weil er „Schwierigkeiten macht" und „uneinsichtig" ist. Das im Akt vermerkte Stichwort „mangelnde Complience" kann einem Gefangenen jahrelang nachhängen.

Auch auf die Wachebeamten ist der Druck in diesem Fall hoch: Sie haben die ärztlichen Vorgaben durchzusetzen, andernfalls drohen „zivilrechtliche Haftung aber auch strafrechtliche und disziplinäre Konsequenzen".[26] Das Menschenrecht, einer Behandlung zuzustimmen oder diese abzulehnen, das immer mehr mündige Patienten in Anspruch nehmen, ist in Haft außer Kraft gesetzt.

Laut Strafvollzugsgesetz steht jedem Gefangenen täglich eine Stunde Aufenthalt im Freien zu. Wenn es regnet, schneit oder ein Gewitter im Anzug ist, entfällt der Spaziergang. Wenn der Gefangene keine entsprechende Kleidung besitzt, darf er auch nicht hinausgehen.

Mancher Häftling kommt direkt von der Straße ins Gefängnis und besitzt vielleicht gar kein warmes Gewand. Der soziale Dienst in der Haftanstalt kümmert sich in so einem Fall um die entsprechende Ausstattung. Auch die Gefängnisseelsorge kann hier manchmal helfen. Das alles dauert aber seine Zeit. Oft zögert der Gefangene und scheut sich, seinen Bedarf anzumelden. Schreibt er dann endlich einen sogenannten „11er-Zettel" mit seinem Bedarf an Kleidung, wird dieser von Hand zu Hand, von Postfach zu Postfach gereicht. Schließlich muss dann noch ein entsprechendes Kleidungsstück in passender Größe aufgetrieben werden. Was so einfach zu sein scheint, erfordert einen erheblichen Zeitaufwand. Budget gibt es für solche Fälle keines.

Daher muss, wer auch immer sich des Anliegens annimmt, gebrauchte Kleidung aus dem Bekanntenkreis, vom Lager der Caritas oder der Diakonie oder aus sonstigen Quellen auftreiben. Zeit ist für die sozialen Gefängnisdienste ein knappes Gut. Ein halber Tag ist schnell vorüber, wenn man einen passenden gebrauchten warmen Mantel irgendwo in Wien besorgen muss.

Das Büro, das die evangelische und die muslimische Gefängnisseelsorge gemeinsam nutzen, befindet sich im Erdgeschoß der Justizanstalt Josefstadt. Die Luft steht an warmen Tagen in diesem dunklen Raum mit vergitterten Fenstern. Wer zu bestimmten Zeiten das Fenster öffnet in der Hoffnung, ein wenig frische Luft zu bekommen, kann vielleicht freier atmen. Aber ein Gespräch, ob am Telefon oder von Mensch zu Mensch, ist dann nicht mehr gut möglich. Einer der Spazierhöfe für Gefangene liegt direkt vor dem Fenster. Es handelt sich dabei um ein winziges betoniertes, mehr oder weniger quadratisches Stück Innenhof, über dem ein Wachturm aufragt. Scharen von Männern drehen dort dicht an dicht gedrängt ihre Runden. Keiner von ihnen spricht besonders laut. Dafür sorgt schon die Anwesenheit der Wachebeamten. Aber die hochaufragenden Wände der vielstöckigen Zellentrakte des Gefängnisses erzeugen ein mehrstimmiges Echo. Sonnenlicht erreicht dieses Geviert auch an den Tagen, an denen die Sonne im Zenit steht, nach meiner Beobachtung nicht. Kein grüner Halm erfrischt das Gemüt.

Die Lage des Gefängnisses mitten im dichtest verbauten Stadtgebiet ist für diese Situation verantwortlich. Hier gibt es keinen Platz für Spazierhöfe, die dem unter hoher Spannung stehenden Gefangenen eine Stunde Entspannung erlauben. Die Tatsache, dass in der Josefstadt mehr Häftlinge untergebracht sind, als die Planung für das Haus vorsieht, macht die Situation noch enger. Mehr Menschen als geplant in den Hafträumen bedeuten auch mehr Menschen im Spazierhof. Ich habe Verständnis für jeden, der das zusammengepferchte Leben eines Tages nicht mehr erträgt. Wie die Situation in den Spazierhöfen aussähe, wenn wirklich jeder Gefangene die Möglichkeit des Hofganges in Anspruch nähme, kann ich mir gar nicht vorstellen.

Bei meinen Gesprächen mit Gefangenen geht es auch immer wieder um das körperliche Empfinden. Manch einer erzählt, er wäre so abgeschlafft, würde beständig zunehmen, fände keinen Schlaf und käme morgens gar nicht mehr aus dem Bett. Meine erste Frage ist dann, ob der Betreffende denn die eine Stunde Spazierengehen in Anspruch nähme.

Viele Monate war der rechtskräftig verurteilte Bankräuber Bernhard Moser in Einzelhaft. 24 Stunden am Tag verbrachte der kräftige, athletische Spät-Zwanziger in seinem winzigen Haftraum. Herr Moser nahm die Möglichkeit des Spazierganges nicht in Anspruch. Einmal, ganz zu Beginn, hatte er es versucht. Er erzählte, dass dieser Wechsel von absoluter Einsamkeit zu einer viel zu dicht aneinander klebenden Menschenmenge ihm Angstzustände verursachte. Bei diesem Versuch, den Spaziergang mitzumachen, hatte er Schweißausbrüche, Atemnot und Panikattacken, die er kaum unter Kontrolle halten konnte. Ab da verzichtete Herr Moser darauf, wenigstens eine Stunde am Tag seinen Haftraum zu verlassen.

Wir überlegten, wie er sich dennoch körperlichen Ausgleich verschaffen könne. Herr Moser entwickelte ein Trainingsprogramm, das er für sich täglich im Haftraum durchführen konnte. Bei unserem nächsten Treffen erzählte er stolz, dass er es die ganze Woche durchgehalten hatte und sich nun besser fühle.

Andere Häftlinge haben diese Möglichkeit, für sich zu trainieren, nicht. Sie bringen keine sportlichen Erfahrungen mit. Ihnen bleibt in der Regel nur die Möglichkeit, sich Psychopharmaka verschreiben zu lassen, um den Körper mit seinen Bedürfnissen ruhig zu stellen, bzw. diese Bedürfnisse nach körperlicher Betätigung nicht mehr wahrzunehmen.

Ich bin keine Ärztin, erlaube mir aber an dieser Stelle doch eine kritische Anmerkung: Die Menge der Psychopharmaka, die im Gefängnis verteilt werden, scheint mir enorm hoch zu sein. Die Frage, ob es auch anders ginge, muss freilich jemand Kompetenterer beantworten. Mir ist bewusst, dass das Ausgeben von hochwirksam sedierenden Mitteln die Methode ist, die am wenigsten menschliche Ressourcen erfordert. Ein oder zwei Krankenschwestern gehen durch das Haus und verabreichen die flüssigen Medikamente. Sich mit den Gefangenen zu befassen, ihnen die ausreichende Bewegung zu ermöglichen, diese auch zu beaufsichtigen und alle Sicherheitsvorkehrungen zu treffen, braucht weit mehr Personal. Die Gesellschaft scheint nicht bereit zu sein, die dafür erforderlichen Mittel zur Verfügung zu stellen.

In einem Brief aus dem Strafhaus für Langzeithäftlinge schreibt Herr Moser: „Hier gehe ich täglich spazieren. Der Hof ist groß und sonnig. Es gibt eine Laufbahn und Fußballtore. Ich trainiere nun im Freien und habe jemanden gefunden, der gemeinsam mit mir die Runden läuft. Aber gegen Ende der Stunde laufe ich allein, ganz schnell. Wenn ich dann körperlich erschöpft bin, komme ich endlich auch innerlich ein wenig zur Ruhe." In seinem Brief vom 9. 8. 2012 schreibt er: „So trainiere ich jetzt sechs Tage in der Woche. Daher bin ich körperlich erschöpft und abends fällt mir das Einschlafen leicht. Seitdem ich nun so trainiere, fühle ich mich psychisch ausgeglichener. Das körperliche Training hat ein positives biochemisches Feedback." Ja, so gewählt drückt sich ein verurteilter Bankräuber aus.

Auch der verurteilte Landwirt Lobmeyer verweigerte anfangs den Hofgang. Der alte Herr schien mir von Woche zu Woche weniger zu werden. Seine Strafe war mit zwei Jahren so bemessen, dass ein Ende abzusehen war. Ich fürchtete jedoch, dass er dieses Ende nicht mehr erleben würde.

Seine Abneigung gegen den Spazierhof begründete er damit, dass er sich sein ganzes Leben lang in der freien Natur bewegt und dort gearbeitet habe. Von großen Wanderungen, allein oder mit seiner Frau, erzählte er. Während er den Weg beschrieb, die Besonderheiten und Merkwürdigkeiten der Landschaft schilderte, straffte sich sein Körper. Die bleichen Wangen wurden rosig, der trübe Blick lebendig. Schließlich atmete er tief durch. Ich machte ihn auf den Effekt seiner „Wanderung im Kopf" aufmerksam und schlug ihm vor, täglich so einen kleinen inneren Spaziergang zu unternehmen.

Nach einer Woche berichtete er, wohin er in diesen Tagen in seiner Erinnerung gewandert sei. Meinem neuerlichen Versuch, ihn auch zu einem tatsächlichen Spaziergang und sei es auch nur in diesem engen Innenhof samt allen schwierigen Begleiterscheinungen zu überreden, stimmte er zu. Von da an ging er häufig mit den anderen mit. Ich sah ihm sofort an, wenn er sich einmal zwischen meinen Besuchen nicht hatte aufraffen können.

Der Geschäftsmann Fellner gehört auch zu denen, die den täglichen Spaziergang verweigern. In jüngeren Jahren war er ein erfolgreicher Langstreckenläufer gewesen. Zwanzig Kilometer und mehr betrug sein tägliches Trainingspensum. Dennoch wirkt Herr Fellner auch nach monatelanger Haft fit und drahtig. Ich spreche ihn darauf an und er erzählt, dass er täglich Yogaübungen mache. Zudem aktiviere er sich durch „nachlaufen" alter Laufstrecken. Seine zwanzig Kilometer laufe er täglich im Kopf. So bestätigt der erfahrene Sportler, der seine weiten Strecken auch mit Hilfe von Mentaltraining bewältigte, was ich bei Herrn Lobmeyer laienhaft beobachtet hatte.

Laut Strafvollzugsgesetz sollen Raucher und Nichtraucher „nach Möglichkeit" in getrennten Hafträumen untergebracht werden. In der Praxis ist diese Möglichkeit nicht immer gegeben und so müssen Nichtraucher tagein, tagaus und zuweilen auch noch in der Nacht die Rauchschwaden ihrer Mitbewohner einatmen. Es kann sogar vorkommen, dass eine schwangere Frau trotz wiederholter Anfrage nicht in einem rauchfreien Haftraum leben kann.

In Bezug auf den Nichtraucherschutz scheint das Gefängnis ein rechtsfreier Raum zu sein. In jedem Kaffeehaus, auf allen Bahnhöfen gilt inzwischen europaweit der Nichtraucherschutz. An den beengten räumlichen Verhältnissen scheitert im Gefängnis die Einhaltung eines Gesetzes. Welche bewussten oder unbewussten Folgen das auf die beabsichtigte „erzieherische Wirkung" des Strafvollzuges hat, weiß ich nicht. Die Gefangenen erleben jedenfalls am eigenen Leib, dass es nicht so dringend zu sein scheint, Gesetze zu beachten.

Herrn Nussbaumer, einen Profisportler und überzeugten Nichtraucher, lernte ich kennen, kurz bevor er seine langjährige Haftstrafe in einem anderen Gefängnis antrat. In seiner Zeit in der Josefstadt hatte er sich mit Herrn Petri angefreundet. Ihm schrieb er gleich in der ersten Woche nach seiner Überstellung einen Brief. Man habe ihn in einen Haftraum mit lauter schweren Rauchern zugeteilt. Als er sich weigerte, in diesem Raum zu leben, kam er in die Absonderung. Dieser fensterlose Haftraum ist nur mit einer Matratze am gefliesten Boden „möbliert". Sonst befindet sich darin nichts. Wer dort eingesperrt wird, muss am Boden sitzend sein Essen einnehmen und ist vollkommen isoliert.

Im Gefängnis herrscht ein völlig anderer Rhythmus als „draußen“. Kurz nach 7 Uhr wird die Brotration für den Tag, vier Semmeln oder ein Viertel Laib Brot, ausgeteilt. Wer etwas aufs Brot streichen will, muss sich das in der „Ausspeis“ kaufen. Wer kein Geld hat, isst das Brot trocken.

Um 11 Uhr ist Mittagessenszeit. Manchmal kommen die großen Warmhaltecontainer aus der Gefängnisküche bereits um 10.30 Uhr auf die Abteilungen. Zwei Gefangene schieben den schweren Wagen mit Suppe, Fleisch, Beilage. Ein Beamter oder eine Beamtin begleiten das Gefährt. Sie sperren die Türen auf. Die Gefangenen treten mit ihrem Essgeschirr aus Plastik an die Türe. Die verantwortlichen Häftlinge teilen unter dem misstrauischen Blick des Insassen die Portion zu. Die Beamten stehen daneben. Ihre Anwesenheit erstickt jeden Protest im Keim. Das Essen ist schwer und fett. Holzarbeiter, Landwirte und Straßenbauer könnten mit dieser Kost genug Energie bekommen, um ihrer körperlich anstrengenden Beschäftigung nachzugehen. Menschen, die unter akutem und chronischem Bewegungsmangel leiden, sollten sich anders ernähren.

Drei Stunden später, um 14 Uhr, gibt es bereits das Abendessen. Um 14.45 Uhr endet der Tagdienst. Die Nachtschicht beginnt um 15 Uhr. Alle Haftraumtüren, auch die am Vormittag offen stehenden, werden nun verschlossen. Im Nachtdienst sind weniger Beamte anwesend. Alle Häftlinge sind „weggesperrt“. Die verschiedenen Dienste im Haus, Ärzte, Sozialarbeiter, Psychologen, Seelsorger haben keinen Zutritt auf die Abteilungen. Auch Angehörige und Anwälte können dann keine Besuche mehr machen.

Einmal in der Woche ist „Ausspeis“. In der Josefstadt ist dies der Donnerstag, für viele Gefangene wohl der wichtigste Tag der Woche. Eine Woche vorher können die Gefangenen auf vorgedruckten Einkaufslisten ihre Bestellungen aufgeben. Die Auswahl ist ebenso beschränkt wie der Betrag, der zum Einkauf zur Verfügung steht. (Siehe Kapitel: Geld oder: Radikaler Perspektivenwechsel). Hygieneartikel, Zigaretten, Obst, Telefonwertkarten und Süßigkeiten stehen auf der Liste. Der Schokoladekonsum ist vor allem unter den Männern nach meiner Beobachtung viel höher als „draußen“. Glaubhaft erzählen Gefangene, dass Schokolade ihre Stimmung aufhellt, besser als jede Zigarette es vermag. Man könnte von Schokolade als der „legalen Droge“ im Gefängnis sprechen.

Das bedeutet: wenig bis keine Bewegung über Wochen und Monate und Schokoladekonsum. Manchen Menschen kann ich beim Zunehmen zusehen. Von einer Woche zur anderen werden sie dicker, unbeweglicher, schwerfälliger. Nicht nur körperlich. Eine geistige Trägheit geht mit der Gewichtszunahme einher. Eine „Wurschtigkeit“, die alle Ansätze zur aktiven Veränderung des Lebensstils und der Lebensausrichtung blockiert, ja lähmt. Die Leute sitzen und liegen herum, der Fernseher läuft. Die von der Bibliothek angebotenen Bücher bleiben ungelesen am Tisch. Wer dann noch auf den Spaziergang verzichtet, wird grau im Gesicht und schlaff. Bluthochdruck, Schlafstörungen, Beschwerden und Krankheiten aller Art entstehen. Viele Langzeithäftlinge verlassen das Gefängnis als körperliche Wracks. Sie sind nach zehn oder zwanzig Jahren im „Häfn“ arbeitsunfähig, selbst wenn sie arbeiten wollten.

Viele sind es, bei denen die körperliche Veränderung in dieser Weise verläuft. Nur ganz wenige schaffen es, sich selber vor den körperlichen Folgen zu bewahren. Herr Fellner gehört zu ihnen. Auch er braucht, wie er zugibt, ab und zu Schokolade, um die Stimmung zu verbessern. In der Regel isst er von der deftigen Gefängniskost nur wenig, kauft sich bei der „Ausspeis“ Obst dazu und manchmal auch Gemüse. Nach fast einem Jahr ohne je einen Fuß ins Freie gesetzt zu haben, wirkt der Spätfünfziger noch immer drahtig und fit. Er sieht so aus, als könnte er sofort einen Marathon laufen. Er ist aber eine große Ausnahme.

Wenn ich bemerke, dass ein Gefangener, mit dem ich länger im Gespräch bin, stark zunimmt, spreche ich das schon einmal an. Viele haben sich auch draußen über ihre Ernährung keine Gedanken gemacht. Hauptsache Fleisch, Hauptsache viel, war dort und ist jetzt die Devise. Wen die Gewichtszunahme und die damit verbundenen Folgen stören, der ist bereit zu einem Gespräch über Ernährung, Nährwert, Kohlehydrate und Eiweiß. Auch die allgegenwärtige Schokolade ist dann ein Thema.

Als Herrn Langmanns Verhandlung näher rückte, wusste er vor Angst und Nervosität nicht aus noch ein. Er aß täglich eine Tafel

Schokolade. Er stopfte sie regelrecht in sich hinein, am Abend, wenn die Türen zu waren und es so unendlich still wurde. Dabei ging er sichtbar aus dem Leim. Wir überlegten gemeinsam, wie er die Menge reduzieren könnte, ohne den erwünschten Beruhigungseffekt ganz zu verlieren. Wenn er nur eine halbe Tafel, diese aber langsam, Rippe für Rippe zu sich nähme, würde es vielleicht auch gehen. Er versuchte es und berichtete nach einer Woche, dass er nun schon weniger als eine halbe Tafel täglich brauche. Er habe herausgefunden, dass es genauso wirkungsvoll ist, die Schokolade langsam im Mund zergehen zu lassen statt sie zu beißen. Das verlängere zudem den Genuss.

Das Gefängnis ist von seiner Idee her ein entsinnlichter, ein berührungsfreier Raum. Ein Mensch, ein Täter, soll ganz auf sich selbst geworfen sein. Nichts soll ihn vom Wahrnehmen seiner Tat abhalten. Sinneseindrücke gibt es kaum. Die Wände sind einförmig gestrichen. Die Düfte immer dieselben. Die Augen sehen immer die gleiche, eingeschränkte Perspektive der langen Gänge und der schmalen Hafträume. Die Ohren hören die bekannten Stimmen der Gefangenen und der Justizbeamten, kein Blätterrauschen, keine Vogelstimmen, kein Plätschern eines Baches. Auch nicht das Bimmeln der Straßenbahn, das Hupen von Autos. Kein Kindergeschrei. Und auch keine Berührung. Die Beamten sollen und dürfen die Gefangenen nicht berühren. Tun sie es dennoch, geschieht das in einer Gefahrensituation. Der Griff ist dann hart oder gar schmerzhaft. Die Gefangenen halten Abstand zueinander. Sie sind Tag und Nacht so eng beisammen in der Zwangsgemeinschaft, dass eine herzhafte Umarmung zwischen Männern kaum vorstellbar ist.

Freilich gibt es gewaltsame Auseinandersetzungen. Wenn einer ohne Ende nervt, den Fernseher zu laut stellt, das falsche Programm wählt, den Essplatz am Tisch nicht frei gibt, mit Worten und Gesten die anderen bis aufs Blut reizt, schlägt am Ende einer zu.

Immer wieder erzählen Gefangene auch, dass in den stillen Nachtstunden hinter der verschlossenen Türe eines Haftraumes ein Bewohner von einem anderen oder gar mehreren vergewaltigt wird. Die daraus resultierenden HIV-Infektionen sprechen eine klare Sprache.

Körperliche Erfahrungen im Gefängnis sind zu allererst Schmerzerfahrungen, scheint mir.

Dazu kommt ein ausgeprägter „Muskel-Kult". Wer sich angepasst verhält, darf unter Umständen die Kraftkammer besuchen, die in manchen Abteilungen eingerichtet ist. Hier werden Bizeps und Trizeps aufgeblasen, der Waschbrettbauch gestählt. Wer so getrimmt ist, steht im Ansehen, in der Hackordnung ganz oben. Sein Körper signalisiert: „Ich bin kein Weichei. Niemand soll mir blöd kommen."

Immer wieder frage ich, ob es auch Geräte zum Ausdauertraining gibt. Keiner hat bis jetzt von einem Laufband, von einem funktionierenden Hometrainer oder einem Stepper erzählt. Es wäre sinnvoll investiertes Geld, die Einrichtung der Trainingsangebote einmal unter der Fragestellung zu betrachten, welche Auswirkung reines Krafttraining auf das Klima im Gefängnis und auf das Gemüt der Gefangenen hat. Mit gezielter Körperarbeit, können Aggressionen auch abgebaut werden. Wer auf dem Laufband etliche Kilometer zurückgelegt hat, wird ruhiger, wird weniger „geladen" sein.

Auch Ehepaare dürfen einander bei Besuchen in der Regel weder berühren noch umarmen, es gilt das Berührungsverbot zwischen Ehepartnern. Wenn etwa Ehepartner gleichzeitig im Gefängnis sind und einander zufällig auf dem Gang oder im Aufzug begegnen, sind selbstverständlich immer Wachebeamte anwesend. Sie unterbinden jede Umarmung, jeden Kuss auf die Wange zwischen den Angetrauten.

In der Justizanstalt Josefstadt war über Monate ein Ehepaar inhaftiert. Unabhängig voneinander hatten sie ihre Straftat begangen. Sie waren keine Komplizen, die man voneinander fern halten muss. Die Frau gebar in der Zeit der Haft ein Baby. Als sie einander im Gottesdienst begegneten – sie waren ja keine Komplizen und durften deshalb gemeinsam an diesem Angebot teilnehmen – verwehrten die wachhabenden Beamten dem Vater, dass er sein Kind in den Arm nahm. In der Woche danach hatte ein anderes Team Wachdienst. Nun konnte der Vater seine kleine Tochter streicheln und herzen. Mit Tränen in den Augen ging er auf seine Abteilung zurück. Wer solche Szenen miterlebt, fragt sich, wo Sicherheitsmaßnahmen aufhören und Willkür unter dem Vorwand der Sicherheit beginnt.

Um Körperkontakt zu ermöglichen, gebe ich jedem Gefangenen, der das wünscht, bei der Begrüßung und zum Abschied die Hand. Wenn ich durch die Abteilungen gehe, grüßen mich auch Häftlinge freundlich, die ich nicht kenne. Manche strecken mir die Hand zum Gruß hin. Ich nehme sie dann, erwidere den Gruß.

Lange bevor Attila mit mir zu sprechen begann, hat er meine Hand gehalten. Er reichte sie mir zum Gruß, und hielt sie dann ganz sanft mit beiden Händen fest. Da war nichts Ungutes, nichts Besitzergreifendes, nichts Klebriges in dieser Handlung. Ich hätte meine Hand jederzeit entziehen können. Gerne ließ ich sie ihm, bis er sie selber frei gab. Danach sagte er danke und ging. Eines Tages blieb er. Wir konnten reden.

An seinem Geburtstag besuchte ich Herrn Langmann und brachte ihm mit Erlaubnis der Beamten eine Tafel Schokolade. Er fragte, ob er mich umarmen dürfe. So bekam er zur süßen Droge noch das, was er am meisten vermisste: Wärme in Form von körperlichem Kontakt. Diese Berührung stimmte für mich und hatte rein freundschaftlichen Charakter. Wenn Herr Langmann sich in unseren Gesprächen in eine für ihn typische Aufregung hinein steigert, genügt es inzwischen, dass ich meine Hand leicht auf seine geballte Faust lege. Er entspannt sich dann sichtlich.

Das Angebot der Berührung kam bei Herrn Langmann zuerst von mir. Frau Zano ergriff selbst die Initiative. Nach unserem ersten Gespräch fragte sie, ob sie mich umarmen dürfe. Ich stimmte zu. Von da an gehört die herzhafte Umarmung zu unserem Begrüßungs- und Abschiedsritual. Ich beobachte, dass Frau Zano große Sehnsucht nach körperlichem Kontakt hatte und diese zuweilen nur schlecht zurückhalten konnte. Sie berührte die Beamtin, die sie in den Haftraum zurückführte, zärtlich bei der Hand, was ihr eine harsche Zurückweisung von der Frau einbrachte. Diese Bedürfnisse können und dürfen auch die engagiertesten Beamten nicht erfüllen.

Die Wände in der Josefstadt sind weiß oder graugrün, manchmal auch dunkelgrün gestrichen. Endlose Gänge ziehen den Blick in die Länge. Rechts und links kann er nicht abschweifen. Wenn ich länger durchs Haus gehe, merke ich, wie meine Augen starrer werden, nicht mehr rechts und links schauen. Das Graugrün der Wände breitet sich aus.

gefängnisehe

verurteilt wegen betrugs
inhaftiert in verschiedenen gefängnissen
begegnung alle acht wochen möglich
körperkontakt nicht vorgesehen
wegschauen – gewissensfrage der wache

Komme ich nach Stunden hinaus auf die Straße, rolle ich die Augen hin und her, um auf dem Rad wieder fahrtüchtig zu sein.

In den ersten Wochen, in denen ich durchs Haus in der Wickenburggasse ging, bemerkte ich auch die atemlose Stille, die auf den Gängen und in manchen Abteilungen herrscht. Es schien mir, als würden die Mauern jedes Geräusch einsaugen. Immer nur einatmen. Nie ausatmen. Immer wieder begegne ich Gruppen von Gefangenen in diesen Gängen. Meist sind es Männer im besten Alter. Ihre Bewegungen, ihr Gang spricht davon nichts. Von hinten betrachtet könnten sie sich auch gerade aus einem Altersheim hierher verlaufen haben. Ihr Gang, ihre Körperhaltung, Nacken, Schultern, einfach alles lässt sie alt erscheinen. Da ist keine Vitalität. Kein Lebensfunke ist zu bemerken. Ich spreche von Menschen mit weißer Hautfarbe. Viele von ihnen legen auch in den Gottesdiensten diese schnell gelernte Haltung nicht ab.

Anders die Schwarzen. Auch sie passen ihre Lebensfarbe der Farbe der Mauern an, wenn sie durchs Haus geführt werden. Doch im Gottesdienst beginnen sie zu strahlen, zu glänzen, zu lachen und zu singen, manchmal auch zu weinen. Diese Menschen sind dann so lebendig und vital, so glücklich und traurig, so aufmerksam und bei sich, als wären sie nicht im Gefängnis sondern am besten Ort, den die Welt bietet.

Einmal im Jahr ist Angehörigen-Besuchstag. Verwandte und Freunde der Beamten und Bediensteten dürfen ins Haus kommen. Die hier Arbeitenden führen ihre Besucher und Besucherinnen durch die Abteilungen. Sie zeigen ihnen den Festsaal, die Aussicht vom obersten Stockwerk. Ich wüsste gerne, ob die Besucher hören, was die Wände mir zu sagen haben. Merken sie, wie viel Entsetzen und Angst hier gespeichert ist und langsam an die Luft zurückgegeben wird? Spüren sie die Wut, die Verzweiflung, die unzählige Menschen hinterlassen haben, die schon lange nicht mehr hier sind? Vielleicht verstehen sie ja nach so einem Besuch, warum der Vater, die Mutter nach einem langen Dienst fix und fertig ist. Ich meine, nicht die bösen Gefangenen saugen die Kraft aus den Wachhabenden, sondern die Wände, die Dunkelheit, die Luftlosigkeit in diesem Haus.

Selbstmord und Hungerstreik oder:
Eine Türe steht immer offen

Im Jahr 2010 begingen in Österreich 1261 Personen Selbstmord. Die Zahl der Selbstmorde ist laut einer Studie von Univ.-Prof. Dr. Nestor Kapusta von der Universität Wien rückläufig. Etwa 35 Prozent aller Frauen und 50 Prozent aller Männer, die Suizid begehen, töten sich durch Erhängen, so die Studie.[27]

Die hohe Rate durch Erhängen dürfte wohl von denen, die im Gefängnis Selbstmord begehen, beeinflusst worden sein. Auch wenn sie nicht extra in der Statistik aufscheinen.

Wenn der berühmte „Häfenpoet“ Jack Unterweger in der Nacht nach seiner neuerlichen, jedoch nicht rechtskräftigen, Verurteilung Selbstmord begeht, ist das eine Nachricht, die alle Medien des Landes verbreiten. Wenn ein unbekannter „Hühnerdieb“, diesen Ausweg wählt, erfährt niemand davon.

Im Vergleich zur Gesamtbevölkerung begehen in Österreichs Gefängnissen fünf Mal so viele Strafgefangene Selbstmord.[28] Im Jahr 2011 nahmen sich laut Bericht des Justizministeriums über den Strafvollzug 12 Personen das Leben. Es waren ausschließlich Männer.[29] Bei meinen Gesprächen mit Gefangenen ist die Frage des Selbstmordes bei den Männern immer wieder ein Thema, unabhängig davon, ob es sich um Strafgefangene oder Untersuchungshäftlinge handelt.

Nicht eine einzige Frau hat mir gegenüber Selbstmordgedanken geäußert. Auch keine, die mit lebenslanger Haft zu rechnen hat. Fast alle von mir besuchten Frauen befinden sich in Untersuchungshaft. Das einzige Gefängnis für Frauen liegt in der Schwarzau in Niederösterreich. Einige wenige Frauen mit kurzen Strafen bleiben auch in der Josefstadt oder kommen in ein gerichtliches Gefangenenhaus auf eine kleine Frauenabteilung.

Bis zu dem Tag, an dem Herr Langmann die Antwort auf seine Frage „warum habe ich wieder zugeschlagen?“ fand, hatte er immer wieder davon gesprochen, Selbstmord zu begehen. Er hatte panische Angst vor der Gerichtsverhandlung, und noch viel mehr Angst vor einer neuerlichen Haftstrafe. Bei seiner letzten Haft hatte er noch als Freigänger kurz vor der Entlassung täglich mit Selbstmordgedanken gekämpft, erinnert er sich. Nach seiner neuerlichen Inhaftierung sah er für sich gar keine Möglichkeit auf ein „normales“ Leben in Zukunft. Er rechnete die fatale Rechnung aller Gefangenen, die mit langen Strafen belegt werden: „Wie alt bin ich, wenn ich heraus komme?“ Er wäre dann schon über fünfzig, ein alter Mann. Da würde sich dann das Leben gar nicht mehr lohnen. Leise wies ich auf mein Alter hin. Irritiert meinte er, das sei doch etwas ganz anderes. Die Vorbereitung auf die Verhandlung weckte in ihm neue Energien. In dieser Zeit bekam er auch die Möglichkeit, im Gefängnis zu arbeiten. Das alles lenkte ihn von seinem Wunsch ab, sein Leben zu beenden.

Dann kam die Verhandlung. Das Urteil war niederschmetternd. Herr Langmann erhielt als Wiederholungstäter die Höchststrafe. Zehn Jahre Gefängnis. Er konnte es nicht fassen. War entsetzt. Weinte. Immer wieder sagte er: „Wie lange ich im Häfn bin, entscheide ganz allein ich.“

Er verfasste einen Abschiedsbrief an seine Mutter und legte ihn in seinem Haftraum im Spind bereit. Ich wies ihn auf die Folgen hin, wenn er bei einem „Haftraumfilz“, wie die regelmäßige Durchsuchung der Zellen durch die Beamten genannt wird, gefunden würde. Er käme auf die psychiatrische Abteilung, würde seine Arbeit verlieren, wäre dann wieder 23 Stunden am Tag in seinem Raum eingesperrt. Ich konnte ihn nicht überreden, diesen Brief zu vernichten. Er wusste genau, auf welche Weise er aus dem Leben scheiden wolle. Jeden Montag bat ich ihn, bis zu meinem nächsten Besuch in einer Woche zu warten. Es könne sich ja in seinem Erleben und Empfinden bis dahin etwas ändern. Jede Woche versprach er mir, es noch eine Woche zu versuchen. So wurschtelten wir uns von Woche zu Woche. Herr Langmann sah sich in dieser Phase nur noch als Opfer einer ungerechten und viel zu harten Justiz. Ich versuchte vergeblich, ihn daran zu erinnern, dass er auch Täter sei. Wochenlang drehte er sich, drehten wir uns bei unseren Gesprächen im Kreis. Einmal, als ich ärgerlich wurde und ihm sagte, dass er sich wiederhole, meinte er: „Bitte lassen Sie mich. Eine Stunde in der Woche, hier mit Ihnen, kann ich das ausleben. Ich brauch das einfach.“ So ließ ich ihn gewähren.

erhängt

sie arbeiten am leib
mit pumpen und schocks
beamte führen protokoll
um 17.52 abbruch
keiner weint
eine zelle wird frei

das kreuz
auf die stirn gezeichnet
die einzig zärtliche geste
dann gehe auch ich

Fast liebevoll, sehnsuchtsvoll spricht Herr Petri immer wieder davon, dass er das Ganze ja auch sehr schnell beenden könne. Wenn da nicht die geliebte Lebensgefährtin wäre. An Tagen, wo der kultivierte, ruhige, immer höfliche und mit gewählten Worten sprechende inhaftierte Arzt den Druck des Gefängnisses kaum mehr ertragen kann, sagt er: „Ich wünsche mir, dass sie Schluss macht mit mir. Dann kann ich auch Schluss machen mit mir.“

Auch Herr Moser dachte wohl an Selbstmord. Sonst hätte er mir nicht immer wieder versichert: „Ich denke nicht an Selbstmord.“ Wer nicht daran denkt, bemerkt das gewöhnlich nicht. Nur wer den Gedanken mit aller Kraft wegschiebt, spürt, woran er mit viel Energieaufwand nicht denkt, nicht denken will.

In den ersten Tagen der Untersuchungshaft ist die Gefahr des Selbstmordes besonders groß. Wer als selbstmordgefährdet eingestuft wird, darf nicht allein in einem Haftraum untergebracht werden. Ist kein geeigneter Mehrpersonenhaftraum vorhanden, wird ihm der „Listener“ zur Seite gestellt. Das ist ein Häftling, der schon länger da ist. Die Beamten vertrauen ihm. Der zuständige Psychologe hält ihn für geeignet. Diese Aufgabe übernimmt der Gefangene freiwillig. Bei Bedarf „übersiedelt“ er für einige Zeit in den Listener-Raum. Dort kann der Listener Kaffee oder Tee kochen. In einem dem Listener zugänglichen Schrank gibt es Tabak und Schokolade oder Kekse, die er dem zu Betreuenden anbieten kann. Er spricht mit ihm. Er zeigt mit seiner ganzen Person, dass man auch im „Häfn“ überleben und leben kann. Er führt ihn in die Abläufe und informellen Regeln des Gefängnisses ein. Für diesen Dienst erhält der Listener eine Prämie auf sein Hauskonto gutgeschrieben. In der Justizanstalt Wien-Josefstadt gibt es für mehr als 1000 Häftlinge derzeit einen einzigen Listener. Ob dieser bei einer Krise eingesetzt wird, hängt von den diensthabenden Beamten des Nachtdienstes ab. (Tagsüber stehen ja die Mitarbeiter des psychologischen Dienstes, des sozialen Dienstes und der Seelsorge zur Verfügung). Es erfordert einigen Aufwand, diesen Helfer anzufordern. Mindestens zwei Beamte braucht es, um den Listener und seinen Schützling zum Listener-Raum zu bringen.

Der Listener kommt in ganz unterschiedlichen Krisensituationen zum Einsatz.

Herr Fellner, der nun bereits zwei Jahre in Untersuchungshaft ist, wurde schon mehrmals mit dieser Funktion betraut und kann aus seiner Erfahrung berichten: „Am … wurde ich um 5.30 Uhr von einem Beamten abgeholt, um meinem Einsatz als Listener nachzukommen. Ein Mithäftling des … ist heut in den frühen Morgenstunden verstorben. Der Mithäftling war schwer drogenabhängig, genauere Details sind mir nicht bekannt. Herr … war bei meinem Eintreffen im Listener-Raum sehr nervös und zitterte am ganzen Körper, obwohl er mir immer wieder versicherte, dass die ganze Situation ihn nicht so sehr bedrückt?! Nachdem ich mich ihm vorstellte und ihn mit Kaffee und Zigaretten versorgte, wurde er merklich ruhiger und wirkte schon entspannter. In unserem Gespräch betonte er aber immer wieder, Schuldgefühle zu haben, weil er nichts unternehmen konnte, um dem sterbenden Mithäftling zu helfen, außer immer wieder den Alarmknopf zu drücken. Allerdings konnte der dann eintreffende Arzt nur mehr den Tod feststellen. Ich hatte mit ihm noch bis ca. acht Uhr über den Vorfall und andere Situationen geredet. Beim Abschied schien er schon sehr beruhigt zu sein. Der Psychologe kam so gegen 8.05 Uhr. Das Gespräch fand in deutscher Sprache statt."

Das erste Gefängnis, das mit dem Listener-Modell gearbeitet hat, war die Justizanstalt Innsbruck. Nachdem sich in der Justizanstalt Innsbruck 1998 innerhalb weniger Monate drei Häftlinge das Leben genommen hatten, wurde das Listener-Modell erprobt. Alle drei Häftlinge waren Untersuchungshäftlinge, befanden sich erst wenige Stunden in der Anstalt und nahmen sich das Leben in der ersten Nacht der Haft. Die Suizidhandlungen wurden offenbar unter dem Eindruck eines ersten „Haftschocks" gesetzt. Nach Einführung des Listeners gab es bei Zugängen keine Selbstmorde mehr.

Der Wiener Psychologe Mag. Kurt Jagl erzählt, dass Innsbruck hier Vorbild für viele europäische Gefängnisse geworden ist. Leider gibt es nach einem Wechsel in der Leitung nun ausgerechnet in Innsbruck keinen Listener mehr.[30]

Immer wieder beginnen Gefangene des Polizeianhaltezentrums einen Hungerstreik. Sie werden dann auf die Krankenstation in die Josefstadt gebracht. Manchmal hungerstreiken auch Insassen der

Josefstadt. Nach meiner Beobachtung sind es durchwegs Männer. Frauen machen in der Regel keinen Hungerstreik. Die Beamten auf der Abteilung versuchen zuerst, den Essensverweigerer zu überreden, wieder Nahrung zu sich zu nehmen. Wenn das nicht fruchtet, kommt der Betreffende auf die Krankenabteilung der Männer in einen Haftraum, wo ein „Hausarbeiter" wohnt. Das ist ein erfahrener Gefangener, der beim Stockchef eine Vertrauensposition hat. Ein Hausarbeiter ist ein besonnener Mensch. Er kennt die Spielregeln der Abteilung und respektiert sie. Unter den Augen der Beamten übernimmt er ein gewisses Maß an Verantwortung für den geregelten Tagesablauf auf der Abteilung.

Herr Langmann ist Hausarbeiter. Stolz erzählt er, wenn es ihm wieder gelingt, einen Hungerstreiker zum Essen zu bringen. Dazu hat er seine eigenen Methoden entwickelt, die durchaus psychologischen Hintergrund haben. Herr Langmann setzt sich genussvoll zum Mittagessen und erzählt, was hier gerade besonders gut schmeckt. Danach wuzelt er sich als Nachtisch eine Zigarette und pafft den Rauch zum Bett hin, wo der Essensverweigerer liegt. Wenn dieser um eine Zigarette bittet – die meisten Häftlinge rauchen viel und gern – sagt Herr Langmann, dass er sofort eine haben könne. Zuvor müsse er aber eine Suppe essen, die Herr Langmann ihm kochen werde. Denn nach einer Woche Hungerstreik ist die schwere Gefängniskost für den Verdauungstrakt nicht bekömmlich. Nun feilschen die beiden um die Frage, was zuerst kommt. Die Zigarette oder die Suppe. Währenddessen zündet sich Herr Langmann einen weiteren Glimmstängel an, obwohl er eher sparsam raucht. Irgendwann, manchmal erst nach der vierten oder fünften Zigarette in einer Kette, gibt der neue Mitbewohner nach. Herr Langmann kocht eine Suppe. Der Mann isst und erhält aus den privaten Beständen des Zimmerkollegen die ersehnte Belohnung in Form eines Glimmstängels.

Herr Langmann ist mit seiner Methode so erfolgreich, dass ihm von Seiten der ärztlichen Leitung eine Prämie zugestanden wird. Für jeden Hungerstreiker, den er zum Essen bringt, erhält er fünf Euro auf sein Konto gutgeschrieben. Davon kann er sich dann die Zigaretten und Suppenpäckchen kaufen, die er im Zuge seiner Strategie verbraucht. Diese Methode halte ich für menschlicher als jede Maßnahme durch Beamte oder Ärzte. Hier nützen die Verantwortlichen die Qualitäten der Gefangenen. Am Ende hat jeder gewonnen. Bedauerlich finde ich es jedoch, dass so positive Verhaltensweisen und Fähigkeiten des Inhaftierten vom Gericht nicht wahrgenommen werden. Die monatelangen, manchmal jahrelangen Erfahrungen der Justizwachebeamten mit dem Häftling zählen nicht, wenn Entscheidungen über seine Zukunft zu treffen sind. Wenn über bedingte Entlassungen, Halbstrafe oder andere resozialisierende Maßnahmen entschieden wird. Der papierene Akt der Straftaten ersetzt dem Gericht die Begegnung mit dem Menschen. Die ihn ständig beobachten, haben keine Stimme. Hörte man sie, würden die Entscheidungen über das Leben von Schuldiggewordenen diesen eher gerecht werden.

Hafträume oder:
Manchmal nur vier Quadratmeter pro Person

Jedem Häftling sollten laut Richtlinien neun Quadratmeter im Haftraum zur Verfügung stehen. Toilette inklusive. Im alten Haus in der Josefstadt haben die Gefangenen weit weniger Raum zur Verfügung. Auf sechzehn bis zwanzig Quadratmeter leben zumeist vier erwachsene Männer, manchmal 23 Stunden am Tag, zusammen. Wenn es eng wird, wenn mehr Menschen in Untersuchungshaft kommen, werden daraus schnell einmal auch mehr. Jedes Bett ist im Handumdrehen aufgestockt. Dann leben und schlafen in diesem Raum bis zu acht Leute, Raucher und Nichtraucher. Pupsende, Schnarchende, Rülpsende. Die Lautstärke des Fernsehers, der Platz am Tisch, das Stehen am Fenster, Ordnungsliebe oder Schlamperei, Sauberkeit oder Sauerei auf der Toilette, verschiedene Sprachen und kulturelle Gewohnheiten, unterschiedliche Delikte, das alles versammelt sich auf engstem Raum. Ich persönlich kann mir gar nicht vorstellen, wie die vielen es tagein tagaus schaffen, ruhig und beherrscht zu bleiben. Wieso nicht ständig Mord und Todschlag passiert. Ich selber verstehe jeden, der nach ein paar Tagen in so einer Situation durchdreht.

Dazu kommt die „Lebensgemeinschaft“ mit den diensthabenden Beamten und Beamtinnen. Diese sehen zuweilen die Insassen häufiger als ihre eigenen Familienangehörigen. Ganz verschiedene Mischungen und Begegnungen ergeben sich da. Die große Herausforderung für alle besteht darin, aus diesen ungewollten und unbeeinflussbaren Konstellationen das Beste zu machen. „Es gibt keine Wertschätzung der Gesellschaft, dass wir die Leute Tag für Tag über die Runden bringen“, stellt die Leiterin der Justizanstalt Josefstadt, Hofrätin Mag. Julia Pigl, im Gespräch mit mir fest. Dabei handelt es sich hier um eine jeden Tag neu zu erbringende enorme Leistung.

Das Niveau der Unterbringung von Gefangenen ist in Österreich nicht einheitlich. In Suben in Oberösterreich gibt es hauptsächlich den Wohngruppenvollzug. In der Josefstadt sind manche Zweimannhafträume so schmal, dass man zwischen Stockbett und Tischchen kaum mehr durchgehen kann. Wer ein wenig Gymnastik machen will, scheitert am mangelnden Platz. Die schmalen, engen Räume sind dem alten Baustil entsprechend sehr hoch. Die vorgeschriebenen Kubikmeter pro Person sind wohl gegeben. Je nachdem, in welchem Gefängnis ein Täter landet, hat der eine Glück, der andere einfach Pech. Seine Resozialisierung und damit auch die Zukunft der Gesellschaft hängen auch davon ab, wo ein Mensch die Zeit seiner Haft verbringt. Dort, wo ein Mensch von Mauern regelrecht bedrängt wird, kann sich wohl auch sein Geist, seine innere Einstellung, seine Lebenshaltung kaum erweitern. Diese Ungerechtigkeit im Rechtssystem scheint die Öffentlichkeit jedoch nicht zu interessieren.

Die Justizanstalt Josefstadt ist hoffnungslos überfüllt und veraltet. Die elektrischen Leitungen sind schwach, die Warmwasserversorgung schwierig. Die Lichtverhältnisse katastrophal. Die Spazierhöfe eng. Die Wege zwischen den Abteilungen lang. Die Hafträume überheizt und schwer zu belüften.

In der Baumgasse, im Dritten Wiener Gemeindebezirk, hätte schon seit 2009 ein Gefängnis entstehen sollen, das die Anforderungen eines modernen Gerichtswesens und eines zielführenden Strafvollzugs erfüllt. Ein Architekturwettbewerb wurde ausgeschrieben. Im März 2008 wurden die eingereichten Projekte bewertet und gereiht. In Bezug auf die Unterbringung der Häftlinge finden sich im Protokoll mancherlei Merkwürdigkeiten.[31]

Im Projekt des Wettbewerbssiegers gibt es eine „geringfügige Unterschreitung der Haftraumgröße“. Nicht einmal die neun Quadratmeter pro Einzelhaftraum, zwölf Quadratmeter pro Doppelzelle sieht der erstgereihte Entwurf vor. „Duschen fehlen.“ Bei den weiteren Einreichungen findet die Jury folgende Mängel: Der „Festungscharakter entspricht überholter Gefängnisarchitektur“. Ein Entwurf hat „Lagercharakter“. In mehreren Projekten sind Hafträume zur verkehrsbedingt lauten Süd-Ost-Tangente ausgerichtet. Die Bewegung der Häftlinge im Freien ist wiederholt unbefriedigend gelöst. Ein Vorschlag plant „schluchtartig“ kleine Höfe. Die Arbeitsräume der Häftlinge sind teilweise schlecht belichtet.[32]

Überlegungen und Vorschläge für das in diesem Projekt ebenfalls vorgesehene Gerichtsgebäude weisen hingegen nach Meinung der Jury keine derartigen Mängel auf.

Es ist erfreulich, dass die Mitglieder der Jury sorgsam die Entwürfe für das neue Gefängnis prüfen. Bei den Herren und Damen Architekten, gewiss alle renommierte Experten und Fachleute ihrer Zunft, scheint unbewusst und unreflektiert die gesellschaftliche Haltung, dass Gefängnisse keine „Hotels“ sein sollen, mit eingeflossen zu sein. Michael Pommer von der „Kronenzeitung“ brachte dies gekonnt populistisch auf den Punkt: „Was kommt als Nächstes: ein Geschenkkorb und eine Flasche Champagner? Vor dem Neubau der Justizanstalt Salzburg macht sich Justizministerin Beatrix Karl offenbar große Sorgen um die Häftlinge. In Kuschelhotel-Manier werden die Insassen zu ihrer Zufriedenheit befragt: *Sind die Zellen auch groß genug?* Im Salzburger Gefängnis ist der Haftinsasse König – und darf wie im Thermenhotel auch eine Bewertung abgeben. Zehn Fragen wurden den 186 Eingesperrten gestellt. Unter anderem, ob sie auch glücklich sind mit a) Größe und Lage der Hafträume, b) Ausstattung, Einrichtung, Licht oder c) den Räumen für Sport und Freizeitaktivitäten. Von *völlig unzufrieden* bis *völlig zufrieden*. Frustrierte Räuber oder Einbrecher können dann schon einmal *völlig unzufrieden* ankreuzen, und wer doch seinen Spaß in der Anstalt hat, schreibt eben *völlig zufrieden* hin. Und der Sinn der Sache? *Ja, es gibt diese Erhebung unter den Insassen*, erklärt eine Sprecherin der Vollzugsdirektion. *Die Justizanstalt wird neu gebaut, und die Hafträume werden freilich anders gestaltet. Wir erfahren so die Mankos aus der Sicht der Insassen.* Ein Geschenkkorb für die Insassen sei aber nicht geplant ...“[33]

Die Pläne für den Neubau in Wien mit Platz für 450 Häftlinge in der Baumgasse sind inzwischen fix und fertig. Die Realisierung scheint in weiter Ferne zu liegen, weiß der ORF.[34] Und so wird die Justizanstalt Josefstadt bis auf weiteres überfüllt bleiben mit allen Folgen für die Menschen, die dort arbeiten und leben müssen.

Im Jahr 2009 erstellte der Menschenrechtsbeirat eine Studie zu Haftbedingungen im europäischen Raum, darunter auch in Österreich. Diese Studie überprüft, ob die Haftbedingungen in verschiedenen Ländern menschenwürdige sind. Für Gefangene, die in Einzelhaft angehalten werden, geht sie dabei von einer Haftraumgröße von mindestens zehn Quadratmetern aus. Bei Mehrpersonenhafträumen sollen pro Person vier Quadratmeter zur Verfügung stehen.

Die Studie zeigt unter anderem den Mangel auf, dass in manchen Mehrpersonenhafträumen, etwa in der Justizanstalt Stein, nicht für jeden Bewohner eine Sitzgelegenheit (außer dem eigenen Bett) und auch nicht für jeden ein Essplatz am Tisch zur Verfügung stehen.

Immer wieder schreiben Zeitungen, von dem Luxus, in dem Häftlinge leben. Als Beweis wird dann unter anderem auch der Fernseher angeführt. Am Dienstag, dem 18. 9. 2012 sitze ich in der U-Bahn. Mein Buch, das ich sonst immer dabei habe, liegt vergessen zu Hause. Gelangweilt blättere ich in der Gratiszeitung „Österreich", die jemand auf dem Nebensitz liegen gelassen hat. Auf Seite 7 lese ich unter der Überschrift „Privilegien für Amokläufer? Aufruhr im Gefängnis Stein: Angehörige von Häftlingen der Justizanstalt Stein sind empört. Grund: Der Gefangene Johann Preiss (60), zu lebenslanger Haft verurteilter Amokläufer von Hollabrunn (er erschoss eine zweifache Mutter), soll einen Sonderstatus genießen. Preiss sitze im Trakt 2 allein in der 16 Quadratmeter großen Luxuszelle 025 mit eigener Küche, die Tür von früh bis abends offen. Das Gerücht dazu: Preiss war vor seiner Bluttat AHS-Kunstlehrer in Krems. Heutige Wachebeamte waren seine Schüler, in der Haft male er Bilder fürs Stein-Personal. Anstaltsleiter Christian Timm im Heute-Gespräch dazu verärgert: Unsinn. Niemand ließ sich je zeichnen. Preiss werde behandelt wie 370 andere erstmalige Insassen, die keine besonderen Sicherheitsauflagen haben."

Anstaltsleiter Timm bezieht sich in seinem hier zitierten Statement auf das Strafvollzugsgesetz. Dieses sieht für Ersttäter eine andere Unterbringung vor, als für Wiederholungstäter. Der Kunsterzieher war bis zum Tatzeitpunkt unbescholten. Auf ihn trifft die Bestimmung des Erstvollzuges zu hundert Prozent zu. Dieser legt für Menschen, die das erste Mal in ihrem Leben eine Straftat begangen haben, ausdrücklich den Schwerpunkt auf die „erzieherische Wirkung" und das „Eingehen auf die individuelle Täterpersönlichkeit".

Das Einsperren in eine zu beinahe jeder Zeit versperrten Einzelzelle sieht das Vollzugsgesetz nicht als Regelfall vor. Im Gegenteil.

Der Gesetzgeber hat hier festgeschrieben: „Die Insassen sind bei Tag so weit wie möglich in Gemeinschaft anzuhalten, während der Nachtruhe ist hingegen Einzelunterbringung anzustreben. Soweit es im Hinblick auf die Vollzugszwecke angebracht ist, sind Insassen tagsüber in Form von Wohngruppen unterzubringen. Beim Wohngruppenvollzug werden innerhalb einer nach außen abgeschlossenen Einrichtung die Haft- oder Aufenthaltsräume tagsüber zumindest während der Freizeit nicht versperrt."

Diese Bestimmung soll genau die Entwicklung von Gefangenen verhindern, die Herr Moser nach zwei Jahren in Isolation bei sich beobachtet: „Ich fürchte mich vor Menschen und kann gar kein normales Gespräch, keinen normalen Kontakt mehr haben."

Als unangemessenen Luxus für Verbrecher, Mörder, Diebe, Räuber bezeichnen Populisten und Leute, die es nicht besser wissen, die Tatsache, dass in einem Haftraum gewöhnlich ein Fernseher zur Verfügung steht. Ein Fernseher braucht bekanntlich Strom, um die schönen bunten Bilder in die graue Zelle der Gefangenen zu liefern. In der Josefstadt sind jedoch die elektrischen Leitungen völlig veraltet und ganz und gar überlastet. Gefangene berichten immer wieder, dass pünktlich um 20.15 Uhr auf den Abteilungen immer wieder der Strom ausfällt. Nicht nur der Fernsehapparat zeigt dann statt bunt die Farbe schwarz. Auch der elektrische Wasserkocher lässt das Wasser kalt. Dazu fällt in winterlichen Zeiten, wo es früh dunkel wird, der gesamte Raum in nachtschwarze Finsternis. Vier oder acht erwachsene Menschen sitzen nun bis zum nächsten Morgen im Dunkeln. Die Beamten in der Nachtschicht haben anderes zu tun, als Hilfselektriker zu spielen.

Nicht jeden Abend, nicht jede Nacht fällt auf jeder Abteilung der Strom aus. Aber häufig genug scheint es zu geschehen, denn die Berichte wiederholen sich. Sollte der Strom und damit der Fernseher aber funktionieren, so kann es schon sein, dass in einem Viermannhaftraum zwei Geräte mit unterschiedlichem Programm und also auch verschiedenem Ton laufen. Manche Gefangene dürfen sich mit besonderer Erlaubnis als Vergünstigung ein eigenes Gerät zulegen. Das sind in der Regel diejenigen, die lieber Kultur- als Tschinbummfilme ansehen. In dem sechzehn bis achtzehn Quadratmeter großen

Raum laufen also zwei Programme mit allen Begleiterscheinungen gleichzeitig. Für mich scheint dieses Vergnügen weit weg von irgendwelchen Privilegien angesiedelt zu sein.

Ich besuche Herrn Fellner. Wir sprechen im geschützten Sozialraum. Nach einer Stunde verabschieden wir uns. Herr Fellner will zu seinem Haftraum zurückkehren. Ich gehe Richtung Ausgang. Ein Mann, der ein Stativ trägt, läuft in mich hinein. Ich bleibe stehen, schaue ihm nach. Er geht zum Haftraum, in dem Herr Fellner mit einem sehr prominenten Angeklagten lebt. Dieser Mann ist derzeit abwesend. Es ist der zweite Verhandlungstag in seinem Prozess. Schon eine Woche vor Prozessbeginn haben die Medien täglich mit großem Interesse und viel Druckerschwärze berichtet. Ein Wachebeamter sperrt die Haftraumtüre auf, die Kamera schaut hinein. Es wird gefilmt. Ich sehe Herrn Fellner ein wenig zögerlich auf seinen derzeitigen Wohnraum zugehen. Bevor die Kamera ihn erfasst, schreitet der Beamte ein und verhindert, dass Herr Fellner ins Bild kommt. Ich verlasse die Abteilung und nehme die Erkenntnis mit, dass Privatheit für Menschen in Haft ein wenig geschütztes Gut ist. Sowohl der prominente Angeklagte als auch Herr Fellner sind als Untersuchungshäftlinge ja keine Verbrecher, sondern Menschen, deren Schuld erst zu beweisen ist. Aber auch einem verurteilten Rechtsbrecher steht nach meinem Empfinden ein Raum zu, in den die Öffentlichkeit nicht hineinschauen kann.

Der prominente Angeklagte wird also, wenn er heute vom Prozess „nach Hause“ kommt, seinen aktuellen Aufenthaltsort in den abendlichen Nachrichten betrachten können. Ich weiß nicht, ob er das Bett gemacht hat. Ich habe keine Ahnung, ob ein Buch aufgeschlagen oder mit erkennbarem Titel auf dem Tisch liegt. Ist der Aschenbecher ausgeleert oder voller Kippen? Liegt vielleicht sogar ein vergessener Socken am Boden? Das alles können die Zuseher also heute feststellen. Vielleicht gehört der Socken ja gar nicht dem prominenten Herrn, sondern dem ganz und gar nicht prominenten Zellengenossen Fellner. Vielleicht ist das auch dessen Buch, sind das dessen Kippen, dessen ungemachtes Bett. Aber werden die Menschen vor dem Fernseher sich solche Fragen stellen? Ich fürchte, sie werden sich mittels dieser Bilder aus dem „Häfn“ oder „Knast“ ein

Bild von dem prominenten Mann machen. Ich fürchte, dass dieses Bild nicht zu seinen Gunsten ausfällt.

Auch sonst ist Privatheit im Haftraum keineswegs gewährleistet. Die Beamten sind aus Sicherheitsgründen verpflichtet, regelmäßig und unangekündigt Kontrollen durchzuführen. „Haftraumfilz" heißt das im Jargon des Gefängnisses. Alles, was ein Häftling besitzt, von den Unterhosen bis zur Zahnprothese, kann jederzeit von Wachebeamten in die Hand genommen und inspiziert werden. Das ist aus Sicherheitsgründen und zur Drogenbekämpfung notwendig. Es ist gewiss auch nötig, immer wieder einmal durchs Guckloch zu schauen, wenn Menschen 23 Stunden am Tag eingesperrt sind. „Was macht er denn?", „Was treiben die zehn da drinnen?", „Ist noch alles ruhig und in Ordnung?" Das sind die leitenden Fragen. Notwendige Fragen. Und dennoch bedeutet diese Maßnahme einen unerhörten Eingriff in die Intimität eines Menschen. Da zieht sich einer in ein Eck zurück, um endlich ungesehen zu weinen. Vor den anderen und vor den Beamten reißt er sich zusammen, verbeißt sich die Tränen, bewahrt Haltung. Jetzt liegt er auf dem Bett und schluchzt. Genau dann schaut der Beamte durchs Guckloch und sieht ihn heulen, oder onanieren, oder in der Nase bohren.

Dass diese Problematik der Leiterin der Justizanstalt Josefstadt durchaus bewusst ist, zeigt eine Anweisung im Zusammenhang mit dem sogenannten „Angehörigentag". An diesem Tag können Angehörige und Freunde von Justizbeamten und anderen Angestellten des Hauses auf Besuch kommen. Unter Einhaltung aller Sicherheitsvorschriften besuchen sie den Arbeitsplatz ihres Vaters, der Tochter, des Freundes. Ausdrücklich weist die Leiterin in der Einladung darauf hin, dass es nicht erlaubt sei, durch das Guckloch in die Hafträume zu schauen. Die Gefangenen sind keine Zoobewohner. Mir tut diese Art Sensibilität in einem zuweilen höchst unsensiblen System wohl.

das zimmer

unter den vielen hafträumen
ein zimmer
voll mit bildern, teddys, jesus und buddha,
büchern und symbolen
fein säuberlich auf seinem platz

hier wohnt einer
dessen mutter kein bett hatte
für ihn, den bettnässer
nur das heu bei den tieren

Die anderen oder:
Zwangsgemeinschaft treibt Blüten

Ich bewundere alle, die in dieser stressigen und beengten Haftsituation soziale Verhaltensweisen an den Tag legen. In manchen Hafträumen finden die Gefangenen zu einer Übereinkunft von Rauchern und Nichtrauchern. Geraucht wird am offenen Fester und zu bestimmten Zeiten. Herr Lobmeyer, ein passionierter Nichtraucher, erzählte glaubhaft, dass diese Vereinbarung in seinem Haftraum, den er mit sieben anderen bewohnte, gut funktioniert hat. Als er mir das erzählt, bin ich beeindruckt.

Häufig geschieht es aber auch, dass die Beziehungen zwischen Häftlingen weit über Vereinbarungen bezüglich Rauchen und Fernsehen hinausgehen. Herr Petri, der zweifache Akademiker, ist der Intellektuelle auf seiner Station. Wortgewandt und schreibgeübt stellt er seine Fähigkeiten den Mithäftlingen zur Verfügung. Die Zahl der Schulabbrecher oder der funktionalen Analphabeten ist unter den deutschsprachigen Insassen hoch. Dazu kommen noch die Gefangenen mit ausländischem Hintergrund und nicht-deutscher Muttersprache. Für sie alle steht Herr Petri als Schreiber zur Verfügung. Er schreibt Briefe an Behörden und die allgegenwärtigen 11-er Zettel mit hausinternen Anfragen. Er füllt Erlagscheine aus und hilft beim Telefonieren, wenn der Mitgefangene keine langen Zahlenreihen ins Telefon tippen kann.

Herr Petri lebt zurückgezogen. Für sein seelisches Gleichgewicht ist es wichtig, allein einen Haftraum zu bewohnen. Das gesteht ihm der Stockchef auch zu, weil Herr Petris ruhige und ausgleichende Art sich positiv auf das Klima der Abteilung auswirkt. Als Arzt bekommt er dennoch immer wieder den einen oder anderen Mitbewohner in den Haftraum. Menschen mit schweren gesundheitlichen Problemen sind es zumeist oder hochgradig suizidgefährdete.

Wochenlang begleitete er einen schwer Aids kranken Mann im Endstadium. Dieser hatte manchmal klare Momente, dann litt er wieder unter Verwirrungszuständen. Aktiv wollte er keine Nahrung zu sich nehmen. Wenn Herr Petri ihn fütterte, aß er ein wenig. Er war bereits so abgemagert, dass jeder Gewichtsverlust lebensbedrohlich werden konnte.

Bei meinen Besuchen erzählte Herr Petri, wie sehr ihn die Begleitung seines Mitbewohners anstrenge, wie ihm die Situation den Schlaf raube. Mit großer Wärme sprach er von dem armen Kerl, dessen Ende absehbar war. Ich frage mich, was dieser Mann im Gefängnis als Untersuchungshäftling zu suchen hat. Sein körperlicher Zustand ließ alle Gründe für eine Untersuchungshaft außer Reichweite erscheinen. Fluchtgefahr, Tatverdunkelung und Tatwiederholung lagen außerhalb der Möglichkeiten dieses Mannes.

Eines Tages rollt ein Mann im Rollstuhl als „Neuer" in Herrn Langmanns Haftraum. Siegfried Artner ist teilweise gelähmt. Er braucht besondere Betreuung bei der Körperpflege. Herr Artner hat studiert. Er war trotz seiner Behinderung beruflich erfolgreich. Eines Tages drückte er beide Augen zu, als er die betrügerischen Machenschaften eines Mitarbeiters bemerkte. Die Sache flog auf. Beide wurden verurteilt. Herr Artner sieht seine Strafe nüchtern und akzeptiert sie. Bei unseren Gesprächen schwingt immer wieder Erleichterung mit, dass die Geschichte nun zu Ende ist.

In einer Zeit, wo Herr Langmann immer wieder an Selbstmord denkt, ist die Anwesenheit von Herrn Artner in seinem Haftraum ein Segen. Die beiden führen lange Gespräche. Der gebildete Rollstuhlfahrer und Mithäftling kann noch ganz anders als ich Herrn Langmann neue und andere Aspekte seines Lebens und seiner Tat zeigen. Herr Langmann, ein durch und durch praktisch veranlagter Mensch, unterstützt im Gegenzug seinen Mitbewohner bei den persönlichen Verrichtungen. In der Nacht hilft er ihm auf die Toilette, sodass der behinderte Mann nicht eine Pflegerin herbeiläuten muss. Er begleitet ihn zum Duschen, hält Seife und Handtuch bereit und nimmt auch hier dem Pflegedienst Arbeit ab. Nur wenige Monate bleibt Herr Artner seinem Zellengenossen Herrn Langmann als Mitbewohner erhalten. Dann kommt er in ein Gefängnis, wo auf seine besonderen Bedürfnisse besser eingegangen werden kann, wo die Räume rollstuhlgerechter und die Betreuung seiner Behinderung angemessener ist.

Der Abschied zwischen dem wiederholt gewalttätigen Herrn Langmann und dem White-Collar-Schreibtisch-Täter ist rührend. Tränen fließen. Beide versprechen einander, in Kontakt zu bleiben. So geschieht es auch. Briefe gehen hin und her. Herr Langmann telefoniert auch immer wieder mit Herrn Artners Frau und erkundigt sich nach dem Befinden seines ehemaligen Mitbewohners. Als dieser seinen ersten Ausgang macht, ruft Herr Langmann Herrn Artner auf dem Handy an. Das ist eine kostspielige Sache, denn die Wertkarte bucht Handyminuten in atemberaubender Geschwindigkeit ab.

Immer wieder sagt Herr Langmann: „Er ist der erste richtige Freund, den ich hatte." Das betont er, obwohl die beiden in Bezug auf Sauberkeit und Ordnung durchaus verschiedene Ansichten und Verhaltensweisen hatten. Herr Langmann ist ein Ordnungs- und Sauberkeitsfanatiker. Herr Artner war gewohnt, dass eine Putzfrau reinigte und seine Ehefrau aufräumte. Weder Sauberkeit noch Ordnung waren ihm ein besonderes Anliegen, obwohl er trotz seiner Behinderung durchaus manches selber hätte machen können. Hier krachten die beiden Herren immer wieder zusammen.

Ganz andere Erfahrungen machte Herr Nadust während der Untersuchungshaft mit seinem Mitbewohner. Die beiden Männer kommen aus einander feindlichen Kulturen und Nationen. Auf engstem Raum zusammengesperrt hatten sie immer wieder heftige Auseinandersetzungen. Da diese hinter fest verschlossener Haftraumtüre verliefen, kann niemand sagen, wer Provokateur und wer Provozierter war. Beide haben wohl einmal diese und das nächste Mal die andere Rolle gespielt. Eines Tages kam es zum Eklat. Der Mitbewohner übergoss Herrn Nadust mit kochendem Wasser. Dies war möglich, da sie zu den Glücklichen gehörten, deren Haftraum mit einem Wasserkocher ausgestattet ist.

Mit schweren Verbrennungen kam Herr Nadust auf die Abteilung, wo ich ihn kennen lernte. Kurzschlüssige Reaktionen könnten nun eine Bestimmung fordern, dass Häftlinge grundsätzlich in ihren Zellen keine Wasserkocher haben dürfen. Dies käme jedoch einer Kollektivbestrafung vieler gleich, denen für die Tat eines Einzelnen eine grundlegende Lebensqualität weggenommen würde.

sein akt ist umfangreich.

er gilt als besonders gefährlich.

er zeigt mir einen sack.
er habe für weihnachten eingekauft
für die, die nichts haben.

sein akt ist umfangreich.

Sich selber einen Tee oder Kaffee machen können, gehört zu den minimalsten Fertigkeiten, die Menschen brauchen, wenn sie wieder „draußen“ sind. So unglaublich es klingt, diese Fähigkeiten gehen in der Haft schneller verloren, als man es sich vorstellen kann.

Die Justiz muss auf solche Vorfälle reagieren. Mir scheint, dass eine Verschärfung der Bedingungen für alle immer wieder als einfachste Maßnahme gesehen wird. Unterstützt durch Zurufe von außen. Oder vielleicht auch als Reaktion darauf. Statt die Ursachen unliebsamer Vorfälle systemisch zu betrachten und zu hinterfragen. Dies braucht freilich mehr Aufmerksamkeit als ein Erlass, der dieses oder jenes für alle bestimmt. Der Angreifer von Herrn Nadust bekam ein ordentliches Gerichtsverfahren wegen Körperverletzung. Ich vermute, dass er nun auch nie wieder einen Mitbewohner aus der feindlichen Kultur haben wird.

Als Herr Nadust von seinen Verletzungen genesen war, kam Herr Singer in seinen Haftraum. Fünfzehn Jahre hatte der alte Mann im Maßnahmenvollzug verbracht, seit fünf Jahren hat er seine Strafe „abgesessen“. Entlassen wurde er nicht. Nun hat er Krebs im Endstadium.

Herr Singer liegt in einem Spitalsbett, dessen Kopfende hoch- und niedergestellt werden kann. Ein abnehmbares Gitter verhindert, dass der Geschwächte beim Schlafen aus dem Bett fällt. Herr Singer hat einen Dauerkatheter. Herr Singer ist ein starker Raucher. Herr Singer ist voll Unruhe.

Herr Nadust wurde von der Arbeit freigestellt, um sich um Herrn Singer zu kümmern. Der gelernte Schlosser umsorgt freiwillig den alten Mann. Er zündet ihm Zigaretten an. Er stellt das Kopfteil höher, wenn Herr Singer eine Handbewegung macht. Er stellt das Kopfteil niedriger, wenn Herr Singer den Kopf bewegt. Er nimmt das Seitenteil des Bettes ab, wenn Herr Singer sich aufsetzen und die Beine ein wenig baumeln lassen will. Besonders in der Nacht wird Herr Singer unruhig und ängstlich. Dann versucht er, sich den Katheder heraus zu reißen. Herr Nadust redet ihm gut zu. Herr Nadust läutet nach dem Nachtdienst. Herr Nadust überzieht das Bett neu und wischt den Boden, wenn Herr Singer wieder einmal den Katheder entfernen konnte.

Herr Nadust kann manchmal mehrere Nächte hindurch nicht schlafen, weil sein Mitbewohner ihn auf Trab hält. Dafür erhält er die Erlaubnis, sich tagsüber für ein paar Stunden in sein Bett zu legen.

Herr Nadust ist der einzige, dem Herr Singer vertraut und der ihn in seiner zeitweiligen Verwirrung zur Ruhe bringen kann.

Herr Singer ist schon längst nicht mehr haftfähig. Er ist zum Skelett abgemagert. Seine vom Krebs zerfressene Leber hat ihn gelb gefärbt. Herr Nadust soll Herrn Singer nicht aus den Augen lassen. Ich darf die beiden am Haftraum besuchen, grüße beide. Herr Singer will mir die Hand geben. Ich drücke die Hand eines Sterbenden.

Gerührt sehe ich den beiden Männern zu, wie der eine dem anderen vertraut und dieser sich zart und einfühlsam mit seinem schwierigen Mitbewohner befasst.

Nach dem Wochenende zieht es mich zu Herrn Nadust, obwohl wir meinen nächsten Besuch erst für Donnerstag vereinbart haben. Ich finde ihn allein in seinem Haftraum. Todtraurig. Erschüttert. Herr Singer ist am Samstag ins Koma gefallen. Er wurde in ein Hospiz gebracht. Verabschieden konnten sie sich nicht mehr voneinander.

Herr Nadust sitzt stumm neben mir. Mühsam hält er die Tränen zurück. Stockend beginnt er von seinem „Freund", wie er den schwierigen Menschen namens Singer nennt, zu erzählen. Kleine Episoden, wie er den Aufbrausenden, der das Wort „Bitte" nie über die Lippen gebracht habe, zur Ruhe bringen konnte. Und zuletzt, ganz am Schluss, habe Herr Singer dann einmal „bitte" gesagt. Das habe ihn am meisten bewegt. In der ersten Nacht ohne seinen kranken Mitbewohner konnte Herr Nadust nicht schlafen. Immer wieder lauschte er auf die Atemzüge, auf das Rauschen des Sauerstoffgeräts, wie er das nun vier Monate lang jede Nacht gemacht hatte. Und dann war da nur eine beklemmende Stille.

Herr Nadust ist ein kriminelles Schwergewicht. Sieben Jahre lautet sein – nicht rechtskräftiges – Urteil. Ich frage mich, warum die Justiz in keiner Weise diese Art von Mitarbeit im Vollzug, von Menschlichkeit und Verlässlichkeit würdigt. Ich verstehe nicht, wieso das alles keinerlei Auswirkung auf die Entscheidung haben wird, ob und wann Herr Nadust eines Tages auf Bewährung entlassen wird. Darüber entscheiden Leute, die nur den Akt und die Taten kennen, persönliche Entwicklungen und die anderen Verhaltensweisen als die verurteilte Tat aber nicht zur Kenntnis nehmen.

Jahrelang habe ich selber Menschen im Hospiz begleitet. So erzähle ich Herrn Nadust, wie es im Hospiz aussieht, wie dort mit Sterbenden umgegangen wird. Ich bin überzeugt, dass Herr Singer seine allerletzte Lebenszeit in einer wohlwollenden und wohltuenden Umgebung verbringen wird. Das tröstet seinen traurigen Freund ein wenig.

Mehrere Wochen lebt Herr Singer im Hospiz. Dann stirbt er. Herr Nadust erhält die Nachricht vom Betreuungsteam auf seinem Stock. Zwei Tage später erzählt er mir, dass der Stockchef, die Pflegeleiterin, der Arzt zu ihm gekommen sind und mit ihm geredet haben. Sie haben ihn wie einen nahen Angehörigen des Verstorbenen behandelt, ihm Unterstützung angeboten, ihm eine Auszeit von der Arbeit gegönnt, um zu trauern. In der Tat, Herr Nadust war zuletzt der einzige nahe Angehörige des Herrn Singer.

Er, der Moslem, bittet mich, dass er in den evangelischen Gottesdienst kommen, dort für Herrn Singer eine Kerze anzünden darf. Denn Herr Singer sei ja kein Moslem gewesen, also müsse er das für ihn in einer christlichen Umgebung machen. Zu Recht vermutet er, dass zur Beerdigung seines Freundes, wie er Herrn Singer nennt, niemand von „draußen“ kommen wird. Dazu war er zu lange in Haft. Die Kerze, die wir in der folgenden Woche im Gottesdienst für Herrn Singer entzünden, haben die Mitarbeiter der Abteilung besorgt.

Nicht jeder, dessen Leben im Gefängnis endet, kann wie Herr Singer seine letzten Tage umsorgt und behütet erleben.

zu gefährlich

abgemagert ist er
man muss ihn stützen
sagt die pflegerin

nur noch sechs monate
sagt der arzt
nur noch ein wunsch
sagt er:
in den armen seines geliebten sterben
haftuntauglich
sagt der arzt
haftuntauglich
bestätigt das gericht
aber zu gefährlich
um unbewacht zu sterben
meint die richterin
die ihn nie gesehen hat

vom tod gezeichnet
zum tod gezeichnet
von dem paragraph 207 StGB

Arbeit oder:
Eine Pflicht wird zum Privileg[35]

Laut § 45 Strafvollzugsgesetz ist jeder arbeitsfähige Strafgefangene verpflichtet, eine ihm zugewiesene Arbeit zu verrichten. Dies dient dem Vollzugsziel der gesellschaftlichen Rehabilitierung und soll die spätere Wiedereingliederung in den Arbeitsmarkt erleichtern. Gleichzeitig erwirtschaftet der Häftling mit seiner Arbeit einen Teil der Vollzugskosten, die er verursacht.

Ein Rechtsanspruch auf Arbeit besteht jedoch nicht. Durchschnittlich arbeitet ein Insasse im Strafvollzug 23 Stunden in der Woche. In Sonderanstalten sind es nur 19 Stunden. Ob und wie viel ein Häftling arbeiten kann, hängt auch davon ab, in welchem Gefängnis er untergebracht ist. In manchen Haftanstalten arbeiten Häftlinge nur durchschnittlich 10 Stunden pro Woche. Über 20 Prozent der Strafgefangenen, über 50 Prozent der Untersuchungshäftlinge haben österreichweit keine Arbeit. In der Josefstadt können nach Angabe der Leiterin HR Mag. Pigl nur 25 Prozent der Insassen einer Arbeit nachgehen.[36]

Die Tagesarbeitszeit beträgt nicht mehr als 5 bis 6 Stunden. In manchen Gefängnissen sind die Betriebe nur von Montag bis Donnerstag geöffnet. Hausarbeiter arbeiten hingegen an allen sieben Wochentagen. Auch Menschen, die vor der Inhaftierung bereits in Pension waren, ziehen es vor, in der Haft zu arbeiten.

Wenn Häftlinge arbeiten, bedeutet es einen enormen Aufwand an Personalstunden. Die Menschen müssen von ihren Hafträumen zu ihren Arbeitsplätzen hin und wieder zurückgeführt werden. An den Arbeitsplätzen braucht es einerseits qualifizierte Fachleute, Tischler, Schlosser, Buchbinder, Schneiderinnen, um die Arbeit anzuleiten, andererseits zusätzliches Wachepersonal. So kommt es, dass wegen Personalmangels der Betrieb in den Werkstätten nicht immer aufrechterhalten werden kann. Jeder Besuch eines Anwaltes, jeder Besuch der Familie, jede Ausführung zu Gericht oder in ein öffentliches Krankenhaus erfordert zusätzliche Wachebeamte. Diese werden bei Bedarf von den Werkstätten abgezogen. Die Arbeit ruht. Sie ruht auch, wenn der Werkstättenleiter zwei Tage im Krankenstand ist.[37] Dann ist die Werkstatt zu. Die Häftlinge arbeiten nicht. Aufträge bleiben liegen. Geschieht das häufiger, werden sich die Auftraggeber aus der Wirtschaft wohl eines Tages verabschieden. Ab dem dritten Tag gibt es eine Vertretung.

Obwohl Arbeit vom Gesetz als „das wichtigste Mittel zur Erreichung des Vollzugszwecks", also zur Wiedereingliederung in das bürgerliche Leben, verstanden wird, ist sie im Gefängnis eine Mangelware. Das Gesetz geht so weit, dass es für Menschen, die nicht fähig sind, einer geregelten Arbeit nachzugehen, Arbeitstherapie fordert. Dahinter steht wohl die Vorstellung, dass es keine unbeschäftigten Gefängnisinsassen geben soll. Die Wirklichkeit ist weit davon entfernt.

Ein Mensch, der jahrlange nichts oder nur wenige Stunden pro Woche gearbeitet hat, ist kaum mehr fähig, in der normalen Arbeitswelt zu bestehen. Die Öffentlichkeit, auch den Boulevard, scheint das nicht zu stören. Der Aufschrei bleibt aus. Das ist umso verwunderlicher, als das Erreichen des Vollzugszieles im Interesse jedes einzelnen Bürgers, jeder Bürgerin dieser Republik ist.

Ein begehrter Posten ist der des „Hausarbeiters". Es ist eine Vertrauensposition, da Hausarbeiter mit vielen Mitgefangenen in Kontakt kommen. Der Hausarbeiter ist die rechte Hand des Stockchefs. Diese besondere Stellung macht ihn manchen seiner Mithäftlinge auch verdächtig. Er kollaboriert ja sozusagen mit dem Feind. Manche Hausarbeiter wie Herr Langmann schaffen es jedoch, auf der Abteilung ein gutes Klima des Vertrauens und des entspannten Miteinanders zu schaffen. Wenn die Gefangenen merken, dass der Hausarbeiter bei der Essensausgabe fair ist, dass er den einen oder anderen auf seine kleinen Nöte anspricht und auch einmal ein gutes Wort bei den Beamten einlegt, sind sie glücklich. Die Beamten können entspannter die Vorgänge auf der Abteilung beobachten und haben auf diese Weise mehr Zeit und Kraft, Häftlinge als einzelne Personen wahrzunehmen und zu begleiten und anzuleiten. Theoretisch kann ich auch einen Hausarbeiter jederzeit während der Amtsstunden besuchen. Immer wieder aber lehnt einer, der diese Stellung innehat, meinen Besuch mit dem Hinweis ab, dass die Pflicht ruft. Dies geschieht manchmal sogar dann, wenn der leitende Beamte mir vorher erlaubt hat, mit dem Betreffenden zu sprechen.

Geld oder:
Radikaler Perspektivenwechsel

Der Bericht über den Strafvollzug des Justizministeriums errechnet einen durchschnittlichen Tageslohn für arbeitende Gefangene in der Höhe von vier bis fünf Euro nach Abzug der Arbeitslosenversicherung und der Vollzugskosten.

Die eine Hälfte dieses „Hausgeld" genannten Betrags steht dem Gefangenen für persönliche Ausgaben zur Verfügung, also maximal 2,50 Euro des Tageslohns. Das Geld wird auf sein Hauskonto gutgeschrieben. Die andere Hälfte seines ausbezahlten Lohnes bildet die finanzielle Rücklage, die ein Häftling bei seiner Entlassung ausgehändigt bekommt. Zuweilen gibt es auch Prämien für besondere Leistungen. Diese verbleiben dem Gefangenen ohne Abzüge.

Untersuchungshäftlinge müssen keine Rücklagen bilden, sondern bekommen das gesamte Geld aus ihrer Arbeit, also die vier bis fünf Euro Tageslohn, komplett ausgezahlt. Männer verdienen auch in Haft besser als Frauen.[38] Das Gefängnis ist ein Spiegel der Gesellschaft, auch wenn das manche nicht wahrhaben wollen.

Zur Entlohnung von Gefangenen schreibt Peter Lattinger auf heute.at[39]: „Staat zahlt Häftlingen 10 Mio. Euro Gehalt! Wer im Gefängnis sitzt, muss arbeiten und wird dafür auch entlohnt. Die knapp 10.000 Gefangenen in Österreichs Haftanstalten haben im vergangenen Jahr 10 Millionen Euro an *Gehältern* kassiert – macht 1000 Euro pro Person und Jahr. Grotesk."

Herr Lattinger scheint davon auszugehen, dass seine Leser nicht rechnen können. Die von ihm als enorme Gage genannten 1000 Euro im Jahr machen pro Woche rund 20 Euro aus.

Er schreibt weiter: „Wer keine Arbeit findet, kann trotzdem eine Vergütung kassieren. Eine *Grundsicherung*, sozusagen [...]. Auch hier hat der Staat wohlwollend Vorsorge getroffen: Die betroffenen Gefängnis-Insassen – im Amtsdeutsch *unverschuldet Unbeschäftigte* genannt – werden mit einem kleinen Entgelt getröstet. 6623 Verurteilte kassierten im Durchschnitt je 72 Euro, ergab eine Anfragebeantwortung von Justizministerin Claudia Bandion-Ortner an die FPÖ [...].“

Die hier genannten „unverschuldet Unbeschäftigten“ bekommen pro Arbeitsstunde 0,22 Euro gutgeschrieben.[40] Basis ist eine angenommene 30-Stunden-Woche. Das sind 6,60 Euro pro Woche. Damit übernimmt der Staat die Verantwortung für einen eklatanten Mangel im Strafvollzug, der nicht auf die Betroffenen abgewälzt werden soll. Besser wäre es freilich, wenn sie Arbeit hätten. Große Sprünge kann ein Mensch in Haft mit diesem Betrag nicht machen. Eine Telefonwertkarte kostet 6,90 Euro.

Alle beschäftigungslosen Gefangenen, mit denen ich gesprochen habe, sehnen sich danach, arbeiten zu dürfen. Manche Gefängnisse sind wegen der dort herrschenden Arbeitslosigkeit gefürchtet. Dabei geht es den Leuten nicht in erster Linie ums Geld, sondern um die Möglichkeit, sinnvoll ihre Zeit zu verbringen.

Mit dem „Hausgeld“ kann der Gefangene in der wöchentlichen „Ausspeis“ „einkaufen“. Dies geschieht bargeldlos. Auf den Abteilungen liegen Listen von Dingen, die die Gefangenen bestellen können. Am Donnerstag werden die Sachen geliefert und in Kisten verpackt übergeben. Die Bezahlung wird vom Hausgeld abgebucht.

Ein Päckchen Zigaretten kostet 4,50 Euro. Zwei Arbeitstage braucht es, um das Geld dafür zur Verfügung zu haben. Manche Waren sind aber auch „drinnen“ um einiges teurer als „draußen“. Ein Liter Apfelsaft kostet zwei Arbeitsstunden. Beim großen Diskonter Hofer kann man um dasselbe Geld zwei Liter kaufen. Für 350 ml Haarshampoo arbeitet ein Gefangener einen Tag, für 400 ml Bodymilch ebenso. Wer sich im Gefängnis, wie die inhaftierten Tierschützer, vegan ernähren will, lebt teuer. 150 g Tofu kosten stolze 2,60 Euro oder zwei Stunden Arbeit. Die Tierschützer hatten aber keine Arbeitserlaubnis. Ihr Hausgeld kam von den Angehörigen „draußen“.

Auf der Liste der angebotenen Waren fällt die große Auswahl an Zigarettenmarken und Schokoladespezialitäten auf. Das Angebot an Softdrinks ist reichlich. Diese drei Warengruppen bilden den Hauptbestandteil der Einkäufe vieler Häftlinge. Was das für die Gesundheit bedeutet, ist kaum abzusehen. Dazu kommen noch Telefonwertkarten und Briefmarken plus Papier und Stifte.

Das von Herrn Lattinger kritisierte Geld für Unbeschäftigte ermöglicht auch Menschen, die keine Arbeit haben, weil sie zu krank sind oder weil es einfach keine Arbeit für sie gibt, sich mit Toilettenartikeln, Briefmarken und Telefonkarten in einem sehr bescheidenen Ausmaß zu versorgen. Wer keinen Kontakt nach draußen halten kann, hat bei seiner Entlassung draußen dann auch keine Kontakte mehr. Das aber, so zeigen Studien, erhöht die Gefahr des Rückfalls enorm.

Die komplizierte und mühsame Tätigkeit, die Einkaufslisten zu bearbeiten, die Kontostände der Hauskonten zu berechnen, etwaige Überziehungen wahrzunehmen, ist Sache der „Schreiber“. Sie sind die Intellektuellen unter den Inhaftierten einer Station. Menschen mit Matura oder Studienabschluss. Ihr Ansehen ist sowohl bei den Beamten als auch bei den Insassen hoch, wenn sie ihre Arbeit gut machen. Von ihrer Genauigkeit, ihrer Loyalität, ihrer Umsicht hängen die Zufriedenheit der Gefangenen und die Ruhe auf der Abteilung in hohem Maße ab. Die donnerstägliche „Ausspeis“ bildet den Höhepunkt der Gefängniswoche. Wenn dann auf Grund eines Versehens des Schreibers ein Häftling die falschen Waren in seiner Kiste vorfindet, kann er sie wohl zurückgeben. Er muss aber nun eine ganze Woche warten, bis er das Gewünschte geliefert bekommt. In dieser Woche hat er keine Zigaretten, keine Telefonkarten, kein Haarshampoo, kein Klopapier oder was er sonst einkaufen wollte.

Herr Fellner erzählt, wie er einem des Schreibens und Lesens nur begrenzt kundigen Häftling durch seine genaue Arbeit einen großen Gefallen getan hat. Der Mann hatte irrtümlich auf seiner Liste ein Verlängerungskabel angekreuzt. Herr Fellner wunderte sich, weil er wusste, dass der Mithäftling jede Woche eine Telefonwertkarte bestellt. Dieses Mal hatte der Mann bei der Karte kein Kreuz auf der Liste gemacht, sondern die Position „Verlängerungskabel“ markiert. Herr Fellner konnte den Mann, dessen Haftraum stets verschlossen ist, nicht fragen, ob er wirklich ein Verlängerungskabel, aber keine Telefonwertkarte haben wolle. So entschied er selbständig, statt des Kabels eine Telefonkarte zu bestellen. Sollte sich das als Irrtum herausstellen, würde er dem Mann bis zur nächsten Ausspeis sein eigenes Kabel zur Verfügung stellen und so lange sein Radio nicht benützen. Herr Fellner hatte Recht. Der Mithäftling war hocherfreut, dass der „Schreiber" den Irrtum erkannt hatte. Die Beamten waren zufrieden. Frustrierte Häftlinge beeinträchtigen die Stimmung auf den Abteilungen. Oft genügt nur ein kleiner Anlass, um unter allen Bewohnern eines Stocks die Stimmung kippen zu lassen.

Lange Monate seiner Haft durfte Herr Moser aus Sicherheitsgründen nicht arbeiten. Er hatte somit kein „Hausgeld", konnte weder Briefmarken noch eine Telefonwertkarte kaufen. Das bedeutete totale Isolation von der Außenwelt. Auf Grund der positiven Einschätzung eines Beamten, der sich sehr für Herrn Moser einsetzte, bekam er endlich einen Job. Freudestrahlend erzählte er mir nach seiner ersten Arbeitswoche, dass er nun „viel Geld" habe. Es handelte sich um ganze 20 Euro. Der ehemalige Bankräuber war lange Zeit mit 10 000 Euro und mehr in der Hosentasche herumgelaufen, weil es ihm, wie er sagte, „ein gutes Gefühl" gab. Nun strahlte er über das Vermögen von 20 Euro auf seinem Hauskonto und freute sich darauf, eine Telefonwertkarte zum Preis von 6,90 Euro und einige Briefmarken kaufen zu können. Von Schokolade hält sich Herr Moser eisern fern. Er kauft sich Kamillen- und Baldriantee, um zur Ruhe zu kommen. Diesen Perspektivenwechsel nimmt Herr Moser bei sich mit großem Staunen wahr. Für uns gab seine überraschende Erkenntnis viel Stoff, um über den Wert von Geld und echte oder eingebildete Bedürfnisse zu sprechen.

Viele Gefangene werden nicht nur zu einer Gefängnisstrafe verurteilt, sondern darüber hinaus zu hohen Schadenersatzzahlungen. Manche von ihnen geraten in eine unübersehbare Schuldenfalle. Herr Langmann ist noch immer 5000 Euro Schmerzensgeld aus seiner letzten Wirtshausrauferei schuldig. Auch diesmal bekam das Opfer eine Entschädigungszahlung vom Gericht zugesprochen. Ein ehemaliger Häftling hat aber in unserer Gesellschaft wenig bis keine Chancen, nach seiner Freilassung Arbeit zu finden. Die hohen Schulden scheinen eine geregelte und lebenswerte Zukunft unmöglich zu machen.

Ähnlich ist es bei Herrn Moser. Zigtausende Euro Schadenersatz verlangen die von ihm überfallenen Banken, obwohl er das geraubte Geld rückerstattet hat. Dazu kommen noch Regressansprüche für

Therapiekosten von durch den Überfall traumatisierten Angestellten. Herr Moser schrieb mir am 14. 9. 2012: „Die Richterin sagte verächtlich und herablassend, dass die Betroffenen sowieso kein Geld sehen werden.“ Ich vermute, dass aus dieser Erwartung heraus die zu bezahlende Summe nicht der Realität des Täters angepasst wird. Dies aber hilft wenig zu einer Konsolidierung der Verhältnisse zwischen Täter und Opfer, Täter und Gesellschaft. Unrealistische Forderungen lassen den Täter bewusst und gezielt in seiner Position verharren. Sie signalisieren ihm, dass gar kein Interesse daran besteht, dass er sich um eine – wenn auch bruchstückhafte – Wiedergutmachung bemüht.

Ich schlug sowohl Herrn Langmann als auch Herrn Moser vor, einen kleinen Betrag monatlich bereits jetzt an ihre Opfer zu überweisen und damit nicht bis zu ihrer Entlassung zu warten. 20 Euro im Monat würden sich vielleicht ausgehen. Ich wollte sie mit dieser Anregung aus ihrer Lähmung, aus der Haltung, das schaffe ich sicher nie, herausholen.

Herrn Mosers Antwort verblüffte mich. Er schreibt: „Ihren Vorschlag bezüglich der Schadenswiedergutmachung kann ich nur gut heißen. Würde ich so etwas tun, so wäre dies für Betroffene eine Handlung, mit der man nicht rechnen würde. Dieser Schritt passt ganz und gar nicht zum üblen Bankräuber. Schließlich liegt es in der Natur des Räubers, zu nehmen und nicht zu geben.“ Herr Moser wird mit Hilfe seiner Anwältin, den am stärksten geschockten Bankmitarbeitern ab nun immer wieder kleine Beträge überweisen. Der Anblick dieser Menschen hatte ihn getroffen und ihn zur Einsicht gebracht, dass seine Taten nicht irgendwelche anonymen Institutionen, sondern sehr konkrete, lebendige Menschen geschädigt haben. Das war der Punkt, wo er seine Schuld erkannte und sich danach sehnte, seinen Opfern Entschädigung zu bieten. Diese kann freilich jetzt und wohl auch in Zukunft nur symbolischer Natur sein. Denn auch Herrn Mosers berufliche Aussichten sehen nicht sehr erfolgversprechend aus.

Überdenkenswert erscheint mir die Praxis, dass Insassen für besondere Leistungen Geldprämien erhalten. Herr Langmann bekommt eine Entschädigung für die Zigaretten, die er aufwendet, um Hungerstreiker zum Essen zu bringen. Das ist nur recht und billig.

freiheit

in den 80-er jahren sprang er in die ostsee,
schwamm in die freiheit.
von einem fischer gerettet
und gefördert von guten menschen
ertrank er bald in geld,
erfasste ihn das fieber der sucht.
das casino wurde sein sklaventreiber,
der bankraub der verzweiflungsschlag.

„wissen sie, herr pfarrer",
sagte er mir in seinem 6 m^2 haftraum,
„so frei wie jetzt, war ich noch nie."

Aber auch andere besonders förderungswürdige Verhaltensweisen werden mit Geld belohnt. Ein großer Teil der Gefängnisinsassen hat Delikte begangen, die mit Geld zusammen hängen. Sie haben Geld gestohlen, veruntreut, auf die eine oder andere Art entwendet. Mit mehr oder weniger Gewalt oder List. Ihr ganzes Denken scheint „draußen" um Geld gekreist zu sein. Nun werden sie mit Geld „belohnt", obwohl das ihr „Suchtmittel" war, der Antrieb zum Gesetzesbruch. Einem Suchtkranken gibt man zur Belohnung ja auch nicht die Substanz, von der er abhängig ist, um sein Wohlverhalten zu belohnen und zu verstärken. Ich frage, ob es nicht zielführender wäre, besondere Leistungen und erwünschte Verhaltensweisen mit einem zusätzlichen Besuchstag, mit verlängerter Besuchszeit oder der Erlaubnis, öfter am Sporttraining, an einer Gruppenveranstaltung oder Ähnlichem teilzunehmen. Hier würden ganz andere Bedürfnisse angesprochen und neue Erfahrungen ermöglicht werden. Der Lebensfokus würde vom Geld auf andere, menschlichere Werte verlagert werden.

Bildungshunger oder:
Die Falle entschärfen

Fast genau zwei Drittel der österreichischen Insassen haben laut Bericht über den Strafvollzug nicht mehr als höchstens einen Pflichtschulabschluss. Nur 9 Prozent haben Matura oder einen höheren Abschluss. In der Gesamtbevölkerung sind es 24 Prozent.[41] Wer wenig oder gar nicht gebildet ist, scheint schneller im Gefängnis zu landen. Jedes Bildungsangebot an wenig qualifizierte Menschen, meist männlichen Geschlechts, kann daher mit Recht als Investition in die Sicherheit, bzw. als Kriminalitätsprävention verbucht werden. Im Jahr 2012 nahmen 2292 Insassen an Ausbildungs- und Qualifizierungsmaßnahmen teil. Die Kosten von 400 000 Euro sind bestens investiert. Diese hohe Zahl an Bildungswilligen entspricht meiner Erfahrung. Ich beobachte bei vielen Häftlingen einen großen Bildungshunger.

Nicht nur der junge Robert, ein jugendlicher Sexualstraftäter, nahm gern und mit Eifer mein Angebot an, das Multiplizieren zu üben. Seit neun Monaten ist der Achtzehnjährige in Haft. In dieser Zeit hat er nicht einen Finger gerührt. Er sitzt tagein tagaus mit einem zweiten jungen Mann in seinem Haftraum. Er bewarb sich um die Stelle eines Hausarbeiters. Der freundliche Stockchef hat es wohlwollend erwogen. Dann fuhr Robert mit einem Wachebeamten im Lift zur Besucherzone, um seine Oma zu sehen. Ein anderer Häftling stieg mit einem begleitenden Beamten zu und ging sofort auf Robert los. Als Sexualstraftäter gehört er zur am meisten gefährdeten Gruppe innerhalb der Gefangenen. Die beiden Beamten verhinderten einen tätlichen Angriff. Der Traum vom Hausarbeiter war für Robert ausgeträumt. Diese Arbeit bringt die Leute in Kontakt mit Mitgefangenen. Sie holen die Essenscontainer. Sie bringen die frische Wäsche aus der Wäscherei. Sie karren die Kisten mit den Waren für die „Ausspeis" auf die Abteilung. Das geschieht immer unter Aufsicht von Beamten. Dass sie bei dieser Tätigkeit anderen Häftlingen begegnen, ist nicht auszuschließen. Robert meldete sich daraufhin zum Kurs für den Staplerführerschein an. Den Aufnahmetest bestand er nicht, weil er seit seinem Hauptschulabschluss vergessen hatte, wie man multipliziert. Die Formel für den Quader „Volumen ist gleich Länge mal Breite mal Höhe“ hatte er noch im Kopf. Ohne Taschenrechner konnte er sie jedoch nicht ausrechnen. So sitzt der junge Mann, der noch nie einer geregelten Arbeit nachgegangen ist, und mit seiner Mutter im Obdachlosenheim gelebt hatte, weiter untätig in seinem Haftraum. Als er mir von der ungelösten Mathematikaufgabe erzählt, schreibe ich ihm ein paar Rechnungen auf. In kürzester Zeit hat er die Technik des Multiplizierens wieder erinnert und rechnet ohne Schwierigkeiten fehlerlos auch mit großen Zahlen. Von da an bringe ich ihm bei meinen Besuchen Rechenbeispiele mit, die ich dem Mathematikbuch für die 4. Klasse Hauptschule entnehme. Robert löst sie alle gewissenhaft und freut sich, wenn ich ihm als Anerkennung ein lachendes Gesicht auf den Rechenzettel male. Die Beispiele, die er nicht schafft, besprechen wir. Bis zum nächsten Mal bekommt er sie noch einmal zum Nachrechnen und präsentiert mir eine Woche später stolz die richtigen Ergebnisse.

Kurz vor seiner Inhaftierung hatte sich Herr Thoman in der Maturaschule angemeldet. Vor Jahren hatte er die HTL abgebrochen, war arbeiten gegangen. Eine schwere Erkrankung beendete seine Berufstätigkeit. Wieder genesen wollte er die Matura nachholen. Dann tat er, was er nicht hätte tun sollen, und landete im Gefängnis. Gleich bei meinem ersten Besuch beklagte er, dass die Chance auf Bildung nun vorbei sei. Ich bot ihm an, mit ihm einen Schritt in die gewünschte Richtung zu gehen, er solle sich ein Fach aussuchen. Der Sexualstraftäter wählte Latein. Mit Erlaubnis des Stockchefs brachte ich ihm ein Lehrbuch samt Beispielsammlung. Bei meinen wöchentlichen Besuchen arbeiteten wir jeweils ein Kapitel durch. Herr Thoman löste gewissenhaft die Beispielaufgaben und war mächtig stolz, wenn es ihm gelang, mir eine fehlerfreie „Hausübung“ zu präsentieren. Die Leistung belohnte ich mit einem lachenden Gesicht, das ich ihm in das Buch malte.

Kurz bevor Herr Thoman in die Anstalt für „geistig abnorme“ Rechtsbrecher verlegt wurde, schrieb er mir einen Brief in lateinischer Sprache. Humorvoll schilderte er mich als Lehrerin, die streng und lustig zugleich sei, sich selbst als strebsamen Schüler. Es war unsere entspannteste und fröhlichste Begegnung. Ob er sein „Studium" auch im neuen Haus fortführt, weiß ich nicht. Die Zeit, in der er sich mit lateinischen Vokabeln und Formen befasste, hatte dem schwierigen Gefangenen nach eigener Aussage Entspannung und Zufriedenheit gebracht.

Auch Herr Moser ist bildungshungrig. Sein Traum ist es, zu studieren. Am liebsten liest er pharmazeutische Bücher, arbeitet sie durch, memoriert die Fachworte. Auf diesem Gebiet konnte ich mit ihm nicht mithalten. Er hatte so viele Fragen, war sich nicht sicher, ob er die Dinge recht verstanden und aufgenommen hatte. Immer wieder wurde er von Selbstzweifeln geplagt. Zudem wünschte er sich sehnlichst ein „richtiges", wissenschaftliches Pharmaziebuch.

Eine Bekannte vermittelte den Kontakt zu Herrn Prof. E., einem Universitätsprofessor für Pharmazie. Ich erzählte dem vielbeschäftigten Mann von Herrn Mosers Wunsch und bat um Rat. Spontan schlug er einen Besuch im Gefängnis vor, damit er sich ein Bild vom Wissensstand des Inhaftierten machen könne, um dann das passende Buch zu empfehlen.

So erhielt Herr Moser eines Tages den Besuch von Professor E. Wochenlang war er aufgeregt wie ein Prüfling vor dem Examen. Professor E. verabschiedete sich von Herrn Moser mit der Bemerkung, dass wenige Studierende so genau und begeistert den trockenen Stoff lernen würden wie er. Herr Moser war im Glück. Dieses Glück steigerte sich noch, als Prof. E. ihm ein viele hundert Seiten dickes Fachbuch schenkte. Ich durfte es mit Erlaubnis der Zuständigen Herrn Moser überreichen.

Dieses Buch gibt Herrn Moser Halt. In der schweren Eingangszeit im Gefängnis für Langstrafige, als er wochenlang in Isolation lebte, war das Buch sein Begleiter. Bei unseren wöchentlichen Telefonaten erzählt er mir, welches Kapitel er gerade bearbeitet. Manche unserer Gespräche, die ihn jeweils eine ganze Telefonwertkarte kosten, drehen sich ausschließlich um das Gelernte. Ich lasse ihn gewähren, denn ich höre in seiner Stimme den Stolz heraus, dass er wieder ein Pensum geschafft hat. Auf seiner Abteilung gibt es niemanden, der sich für das Thema interessiert. Manchmal klagt er, dass er sich im neuen Gefängnis viel schlechter konzentrieren kann als in der Josefstadt. Meinen Trost, dass es nach ein paar Monaten der Umstellung wieder besser wird, hört er skeptisch, mit wenig Glauben.

Spiritualität und Haft oder: An Buntheit nicht zu überbieten

Karla versteht ihren Aufenthalt im Gefängnis als großen Fehler der Justiz, aber sie erkennt darin zugleich Gottes Willen. Zum Zeitpunkt, in dem ich diese Zeilen schreibe, ist sie bereits mehr als drei Jahre in Untersuchungshaft. Immer wieder wird ihr Verfahren vertagt.

Karla, eine aktive Mitarbeiterin einer evangelikalen, charismatischen Gemeinde eines anderen EU-Staates, ist zutiefst davon überzeugt, dass Gott sie in diesem Gefängnis haben will. „Warum sollte Gott das wollen?“, frage ich sie eines Tages. Sie habe gegen den Rat vieler, auch gegen den geistlichen Rat ihres Pastors, diesen Mann geheiratet, der sich angeblich in Drogengeschäfte verwickeln ließ, und von dem sie nun schon längst geschieden ist. Er ist der Grund für ihre Inhaftierung. Das Gericht meint, sie könnte über die Machenschaften ihres ehemaligen Ehemannes Auskunft geben. Sie aber beharrt darauf, dass alles, was ihm vorgeworfen wird, nach der Scheidung geschehen ist und sie daher keinerlei Informationen zu bieten habe. Und so wird sie wohl noch eine Weile – nach Gottes Willen – in der Justizanstalt Josefstadt die Gänge wischen.

Hier, im größten Gefängnis Österreichs, leben Gefangene aus vielen Nationen. Alle Insassen bringen neben dem nachgewiesenen oder vorgeworfenen Delikt auch ihre Religion mit.

Die Leiterin des Gefängnisses, Frau Mag. Pigl, brachte es in einem Gespräch mit mir einmal auf den Punkt: „Das Gefängnis ist ein spiritueller Ort“, meint sie. In ihrer Diplomarbeit für das Magisterium befasste sie sich unter dem Titel „Religiöses Empfinden in Stresssituationen am Beispiel des Erstvollzuges“ mit diesem Thema. In dieser Untersuchung kommt sie zu dem Ergebnis, dass spirituelle Erfahrungen, ganz gleich welcher religiösen Herkunft, den Menschen helfen, mit dem Schock der Inhaftierung zurecht zu kommen.

Um das Recht der Gefangenen auf Religionsausübung zu gewährleisten, gibt es im Haus in der Josefstadt „eine katholische und eine evangelische Kirche, eine jüdisch/mosaische Betstube, sowie eine Moschee."[42] So lautet die offizielle Bezeichnung der Räume, die den verschiedenen Religionen und Konfessionen zur Verfügung stehen. Auch in den anderen Haftanstalten finden sich gottesdienstliche Räume. Ihre Geschichte, ihre Architektur würden ein ganzes Buch füllen. Ich beschränke mich hier auf jene im Haus in der Josefstadt.

Der „Religionstrakt" befindet sich im Zentralbau des vierten Stockwerkes.

Wer den „Religionstrakt" betritt, sieht vor sich den Eingang zur katholischen Kirche. Diese vermittelt dem Eintretenden das Gefühl: „Hier bin ich in einer Kirche." Bunte Glasfenster, ein Tabernakel, Kirchenbänke, eine Orgelempore. Alles ist da, was der katholisch Glaubende auch draußen in seiner Kirche finden würde. Der katholische Kirchenraum aus dem Jahr 1839 steht unter Denkmalschutz und musste bei der Renovierung in den 1970er Jahren nach den Originalplänen wiederhergestellt werden.

Die evangelische Kapelle spricht hingegen nicht die Sprache einer Kirche. Sitzbänke und Altar sind verschiebbar. Somit ist auch das Kreuz, das auf dem Tisch steht, mobil. Ein elektronisches Klavier vervollständigt das bewegliche Mobiliar. Der Raum dient unterschiedlichsten Zwecken. Die muslimischen Gefangenen begehen hier das Ende des Ramadan, da die Moschee für diesen Zweck zu klein ist. Dann werden die Bänke und Stühle zur Seite geschoben, der Tisch an die Wand gerückt und schon ist genug Platz, um für das Gebet Decken aufzulegen.

Ein kleiner jüdischer Betraum enthält einen Thoraschrein, hinter dessen schwarzem Vorhang die heiligen Schriftrollen verborgen sind. Davor steht ein Tisch, nicht größer als ein mittlerer Esstisch, rundherum ein paar Sessel. Am Besuchstag für Angehörige hielten manche, die einen neugierigen Blick in diesen Raum warfen, den Thoraschrein für einen Beichtstuhl. Der Blick auf das Türschild belehrte sie eines Besseren. Die Bezeichnung „mosaischer Gebetsraum" ließ aber jüngere Besucher ratlos zurück. Ihnen ist zum Glück diese alte, von der nationalsozialistischen Propaganda ausgiebig verwendete Bezeichnung für den jüdischen Glauben fremd. Der Raum wurde in den 1970er Jahren im Zuge der Generalsanierung dieses Teiles des Gefängnisses so benannt. Hier waren wohl noch Kräfte aus leider noch immer nicht vergangenen Zeiten bei der Beschilderung beteiligt.

Zu besonderen jüdischen Feiertagen, zum Beispiel zu Jom Kippur, dem Versöhnungstag, dürfen inhaftierte Juden aus ganz Österreich hier das Fest begehen. Zu diesem Zweck verbringen sie als „Passanten" einige Tage in der Josefstadt. Ein Rabbiner kommt, um der Feier vorzustehen. Um einen jüdischen Gottesdienst feiern zu können, müssen mindestens zehn erwachsene Männer anwesend sein. Sollte diese Teilnehmerzahl durch die Häftlinge nicht gegeben sein, bringt der Rabbiner noch einige Männer aus seiner Wiener Gemeinde mit, um den Gottesdienst feiern zu können. Danach kehren die Gefangenen wieder in ihre angestammten Haftanstalten zurück.

Unmittelbar neben dem jüdischen Gebetsraum liegt die Anstaltsbibliothek. Hier wäre der ideale und logische Platz für eine Moschee. In den 1970er Jahren hatten die Verantwortlichen jedoch offensichtlich noch nicht den Bedarf von inhaftierten Muslimen im Blick, obwohl auch damals bereits jugoslawische Gastarbeiter muslimischen Glaubens in Österreich lebten. Ihre religiösen Bedürfnisse haben die Planenden ganz offensichtlich vergessen. Diesen Mangel behebt nur schlecht eine kleine Moschee, die nun im Untergeschoß des Hauses untergebracht ist und für größere Feste viel zu klein ist.

Wenn nach einer besonderen Messe in der katholischen Kirche eine Agape folgt, findet sie in der benachbarten evangelischen Kapelle statt. Die Instrumente der wöchentlichen Trommelgruppe, das Angebot eines katholischen Seelsorgers vor allem für Häftlinge afrikanischer Herkunft, stehen auch während der evangelischen Gottesdienste sorgsam drapiert im hinteren Teil des Raumes.

Den einzigen unverrückbaren Bestandteil dieses kirchlichen Raumes bildet ein überdimensionales Puzzle an der Wand. Es stellt Leonardo Da Vincis „Letztes Abendmahl" dar. Die Geschichte dieses Puzzles erzählt der hauptamtliche Gefängnisseelsorger von Wien, Matthias Geist:

Vom Trost eines Puzzles

Ich weiß nicht, wann ich Oswald zum ersten Mal sah. Ein gehemmter, kleiner Mann mit einigen Zahnlücken kam mir entgegen. Er wollte ein wenig Unterstützung, Briefmarken und Tabak vielleicht. Einige

Tage danach bringe ich ihm Briefmarken. Manche Male sehen wir uns, verlieren uns aber nach seiner Verlegung in Strafhaft aus den Augen. Wie lange er sitzt, weiß ich nicht, so nahe sind wir uns nicht. Dann kehrt er 4 Jahre später wieder zurück, wieder in Untersuchungshaft genommen, wieder gefährliche Drohung, wieder eine leichte Körperverletzung. Die großen, glubschigen Augen, darunter die hervorstechende Warze, das markante Muttermal am Hals, sie kenne ich. Die ergrauten Haare – sie haben ihn verändert. Sie haben den jungen Wiederholungstäter zum Dauertäter stigmatisiert. Oder doch nicht?

Ich sehe ihn ab jenem Herbst wöchentlich beim Gottesdienst und immer wieder auf der Abteilung. Gesprächsansuchen schreibt er fast nie, nur einmal ist es ihm wichtig. Eine Routine denke ich: Er will Briefmarken oder ähnliches. Tatsächlich. Er will was. Ich hätte in der letzten Predigt das Leben mit einem Puzzle verglichen. Ich hätte eines mitgebracht und gezeigt, wie ein Stück zum anderen gelegt werden müsse, wie der Rahmen passen solle und meistens am Beginn zusammengesucht werde, wie manches ausprobiert und dann wieder verworfen werde usw. Er hätte doch auch so gerne ein Puzzle. Da konnte ich schwer aus! Ich fragte den Abteilungskommandanten, genannt Stockchef, der belustigt zustimmte. Später belächelte mich und vor allem einen solchen Insassen, den dieser nicht kannte, ein Psychologe der Justizanstalt. Puzzle, das sei etwas sehr stupides, keine sinnvolle Beschäftigung. Ich entgegnete im Sinne meiner Predigt erfolglos. Das Puzzle mit 2500 Teilen war bald, nach wenigen Tagen fertig und Oswald zeigte es mir stolz. Ich konnte Worte der Anerkennung finden. 10 Tage später trat Oswald – und bis heute ist mir nicht klar, wie man so etwas in Untersuchungshaft mit 23 Stunden täglich im Haftraum herausfinden konnte – mit einem neuerlichen Anliegen an mich heran. Es gebe ein Puzzle mit 14 000 Teilen nach dem „Letzten Abendmahl“ von Leonardo da Vinci. Ich wollte bereits ablehnen, als ich die hoffnungsvollen, glubschigen Augen mit ihrer ganzen Vorfreude sah. Gut, ich könne ja nachsehen. Eine Woche später hatte ich es nicht nur herausgefunden, sondern bereits per Internet bestellt. Nun aber sah der Stockchef ein wenig mehr Probleme, die er aber als „alter Hase“ geschickt selber zu lösen bereit war. Die Riesenschachtel mit allen Teilen für ein Puzzle mit der Größe 2 mal 3 Meter, also 6 Quadratmeter, überforderte weniger den Mehrmannhaftraum als den Tisch als Unterlage.

Daraufhin wurden in den folgenden Monaten 6 große Kartonplatten beschafft, von denen 3 noch während der U-Haft, die 3 weiteren in der Strafhaft in Niederösterreich belegt wurden. Nach und nach wollte ich Oswald selber motivieren, besorgte eine kleine Stehlampe wegen der schlechten Lichtverhältnisse, belohnte ihn mehrmals mit seinem sehnlichsten Wunsch, einem Glas Nutella. Ich vermute, er hat es sich wohl selbst gegönnt, in der so trostlosen Mehrmannzelle mit täglicher Geschmacklosigkeit des Essens und der eintöniger Gespräche untereinander. Und wenn er es auch mit anderen ein wenig geteilt haben sollte, soll es mir auch recht sein.

Die Strafhaft lief so ab, dass ich ihn nur zweimal sah, sonst verkehrte er mit mir wöchentlich per Brief. Einmal schrieb er berührt, dass er nun selber gerichtlich erwirken konnte, dass er wenigstens ein Foto des von ihm kurz vor der Haft gezeugten Kindes erhalten dürfe. Die Frau und Mutter des Kindes wollte keinen Kontakt mehr zum Kindesvater zulassen. Wenigstens in Form von Bildern war nun sein Sohn bei ihm.

Die anderen Briefe sahen, alle sorgsam verfasst, sehr ähnlich aus. Sie hielten Kontakt, hatten immer dieselben zahllosen Rechtschreibfehler, manche roten Unterstreichungen. Und dennoch war ich froh, dass ich alle las, trotz so mancher Redundanz und wiederkehrender Bitte, ich möge auch hier und da zurückschreiben, ob ich die Briefe auch erhielte. Der Grund für meine Freude war eine Trauer, die er empfunden hatte und zum Ausdruck brachte mit einem der authentischsten Sätze eines Häftlings, die ich je las. Er war – ausnahmsweise – ohne Rechtschreibfehler formuliert: „Weißt Du, in dieses Puzzle lege ich all meine Traurigkeit." Das Puzzle wurde fertig.

Wie Trauerarbeit doch auch auf Umwegen (oder sind es die wirklichen Wege?) geschehen kann! Seelsorge bedeutet seither für mich selber, immer wieder offen zu sein für eigene Wege der Gefangenen. Offen zu sein für nach außen kaum spirituell anmutende Bewältigungsstrategien des Lebens. Und doch versucht Seelsorge manchmal den Rahmen des Trauerns überhaupt erst möglich zu machen. Wie jenen Rahmen zu finden, der ein 6 Quadratmeter großes Puzzle nun umrahmt. Dieses Puzzle schmückt seit 3 Jahren – mit Hilfe vieler anderer – geklebt, befestigt und angebracht – die evangelische Kapelle der Justizanstalt Wien-Josefstadt. Und alle, die seither in den Gottesdienst kamen, also

an die 500 Personen, dürfen teilhaben daran, dass einer von ihnen zu seiner Lebenstraurigkeit eine Beziehung aufbauen konnte.

*

Das Strafvollzugsgesetz durchweht ein ökumenisch weiter und in religiösen Angelegenheiten höchst toleranter Geist: „Jeder Insasse hat unabhängig von seinem Religionsbekenntnis das Recht, an den in der Justizanstalt gemeinsamen religiösen Veranstaltungen (z. B. Gottesdienste) teilzunehmen."[43] So kommt es, dass eine religiös und konfessionell bunt gemischte Gruppe jeden Donnerstag zum evangelischen Gottesdienst „vorgeführt" wird, wie es im hausinternen Jargon heißt.

Frau Zano ist still und bescheiden und sehr höflich. Ich kann mir die unauffällige Endzwanzigerin nicht als Drogenkurier vorstellen. Genau das ist sie jedoch gewesen. In einem Koffer brachte sie immer wieder als Flugreisende Suchtmittel ins Land. Eines Tages griffen die Drogenfahnder am Flughafen Wien-Schwechat zu. Frau Zano war sofort geständig und gab auch viele Hinweise, sodass ein ganzer Drogenring aufflog. Das alles erzählt sie bei unserem ersten Zusammentreffen. Anklageschrift und Verhandlung sind zu dem Zeitpunkt noch in weiter Ferne.

Diesmal stellte ich die Frage nach dem Warum. So sehr ich mich auch um unvoreingenommene Begegnung mit den Gefangenen bemühe, mit Drogendealern habe ich sehr grundsätzliche Schwierigkeiten. Nicht mit den Kleinen, die sich die eigene Sucht durch Weitergeben von Substanzen finanzieren. Diese Leute stehen unter einem unerhörten Druck und wissen oft buchstäblich nicht, was sie tun. Anders sehe ich Menschen, die selber nie im Leben Drogen nehmen würden, aber anderen zu Drogen verhelfen. Sie sind mir ein Rätsel.

Frau Zano raucht nicht. Sie trinkt keinen Alkohol. Sie konsumiert keine illegalen Substanzen.

Ohne zu zögern beantwortet sie meine Frage nach dem Warum: „Ich hatte kein Geld und keine Arbeit. Und da kam jemand und machte dieses Angebot. Es war so eine einfache Lösung für mein Problem." So unglaublich einfach ist das.

Ich habe nicht den Eindruck, dass Frau Zano sich bewusst ist, was für ein Elend sie in ihrem Koffer transportiert hat. Sie ist sich sehr wohl bewusst, dass sie ein Gesetz, ein strenges noch dazu, übertreten hat und dafür mit einer erheblichen Strafe zu rechnen hat. Sie wirkt aber auf mich, als hätte sie in ihrem ganzen Leben noch nie Kontakt zu drogenabhängigen jungen Menschen gehabt. Es scheint mir, als hätte sie noch nie die lebenden Wracks gesehen, die in finsteren U-Bahn-Schächten herum taumelnd nach „Stoff“ suchen.

Sie selber wirkt nicht nur sauber, sondern „clean“. Ein Zustand, den ich sonst bei hochgradig naiven Menschen, hauptsächlich bei Kindern wahrnehme. Ich frage sie, was sie nach ihrer Strafhaft zu tun gedenkt. Sie zuckt die Schultern. Darüber hat sie sich noch keine Gedanken gemacht.

Am Donnerstag, dem 30. August 2012 vollzog Frau Zano ein buddhistisches Totenritual am Todestag ihres Vaters. Über den allgegenwärtigen 11er Zettel hatte sie um ein Gespräch gebeten. Dabei planten wir, ihr buddhistisches Totenritual in den Ablauf des evangelischen Gottesdienstes einzufügen.

Wir sangen ein erstes Lied im Gottesdienst. Danach leitete ich die kleine Zeremonie mit den Worten ein, dass für alle nun Gelegenheit bestünde, der Verstorbenen zu gedenken, bei deren Beerdigung wir nicht dabei sein konnten. Auch ich nutzte die Gelegenheit zum Gedenken. Nun entzündete die Frau eine Kerze, kniete nieder und las ganz still von einem vorbereiteten Blatt mit chinesischen Schriftzeichen. Als sie fertig war, faltete sie das Blatt zusammen. Ich legte meine Hände auf ihren Kopf und sprach den Segen: „Es segne und behüte dich der allmächtige und barmherzige Gott. Vater, Sohn und Heiliger Geist.“ Bis zu diesem Moment hatte im Raum eine dichte Stille geherrscht. Nun ertönte zu meiner Überraschung ein vielstimmiges „Amen“. Danach nahm der Gottesdienst seinen gewohnten Gang.

Wer, wie Frau Zano, wiederholt Rauschgift durch den Zoll schmuggelt, hat kein direktes Opfer. Der Kofferinhalt geht durch viele Hände, bis er schließlich in kleinen Portionen an die Konsumierenden kommt. Diese sind die eigentlichen Opfer der Täterin Frau Zano. Aber genau diese bekommt sie nie zu Gesicht. Ich frage, ob sie je mit Drogensüchtigen zu tun hatte. Sie verneint, schaut mich ratlos an. Ich lasse das Thema fallen und hoffe auf eine Gelegenheit, wo wir den Opfern näher kommen.

Eines Tages bittet mich Frau Zano per 11er Zettel um einen dringenden Besuch. Ich finde sie in Tränen aufgelöst. Ihre Kusine sei bei einem Autounfall tödlich verunglückt. Sie habe Frau Zanos Brief aus dem Gefängnis erhalten, sich einen Rausch angetrunken und mit ihrem Auto einen tödlichen Unfall gehabt. Auf meine Nachfrage bestätigt sie mir, dass die Frau schon länger ein Alkoholproblem gehabt habe und auch immer wieder alkoholisiert Auto gefahren sei. Ich versichere Frau Zano, dass ihre Kusine erwachsen gewesen sei und selbst über ihren Alkoholkonsum entschieden habe. Es sei auch nicht Frau Zanos Schuld, dass diese gegen jede Vernunft in betrunkenem Zustand das Auto gelenkt habe. Frau Zano folgt meinen Überlegungen erleichtert. Ich sehe eine Möglichkeit, die Rauschgiftopfer anzusprechen, erzähle von Herbert, einem Sandkistenfreund, der sich im Alter von 17 Jahren den goldenen Schuss gesetzt hat. Ich schildere ihr die Gestalten am Karlsplatz, erzähle von den Vätern und den Müttern, von den Familien, die durch die Sucht eines Kindes ins Elend kommen. Frau Zano hört aufmerksam zu. Sie wehrt nicht ab.

Als ich mich verabschiede sagt sie: „Nie wieder transportiere ich Drogen."

35 Personen, nicht eine mehr, dürfen aus Sicherheitsgründen an einem Gottesdienst in der Josefstadt teilnehmen. Jeden Montag erstellt Matthias Geist daher eine Liste, die die Namen und Abteilungen der in dieser Woche teilnehmenden Gefangenen enthält. Dabei muss er penibel darauf achten, dass Komplizen nicht gemeinsam am Gottesdienst teilnehmen. Jeder Gefangene kann mittels 11er Zettel ein Gesuch schreiben, zum Gottesdienst vorgeführt zu werden. Viele Zettel langen während der Woche ein. Ein schwieriges Auswahlverfahren beginnt. Wer darf diese Woche kommen? Wer muss bis nächste oder gar übernächste Woche warten?

Am Donnerstag, zwischen sieben und halb acht in der Früh, holen Wachebeamte die Leute von ihren Abteilungen ab und führen sie zur Kapelle im vierten Stock. Der Verdacht, die Leute würden den Gottesdienst aus Gründen der Abwechslung besuchen, wird wohl ein Körnchen Wahrheit enthalten. Zumindest beim ersten Ansuchen um Teilnahme. Wer danach immer wieder kommt, hat wohl auch ganz andere Gründe. Die Zahl der Ansuchen wächst aber auch deshalb stetig, weil die Gefangenen auf ihren Abteilungen und in ihren Hafträumen den Mitinsassen vom Gottesdienst erzählen. Die Lieder bauen auf. Die Predigt gibt neuen Stoff zum Nachdenken. Man kommt auf andere Gedanken. Nach dem Gottesdienst verlassen die Leute jedenfalls den Raum in einer anderen Stimmung und nehmen diese auf ihre Abteilungen mit. Das erlebe ich jedes Mal neu.

Die Gruppe der Gefangenen achtet auf ihre Weise darauf, dass langfristig nur Menschen kommen, die gerne Gottesdienst mitfeiern. Wird in einer Ecke einmal zu viel getratscht, haben die Mithäftlinge den Eindruck, dass sich Leute aus wenig spirituellen Gründen um einen Platz bemüht haben, reagieren sie streng. Immer wieder werde ich gebeten, den einen oder die andere nicht mehr auf die Liste zu setzen: „Sie nimmt jemandem nur den Platz weg, wenn sie nicht mitfeiert und nicht mitsingt und bei der Predigt mit der Nebenfrau redet", lautet dann das Argument.

Anders als in Kirchen heute, herrscht eine strikte Trennung von Männern und Frauen. Die Frauen sitzen vorn, die Männer hinten. Das Einhalten dieser Regel überwachen nicht nur die im Gottesdienst anwesenden Justizbeamten. Auch die Frauen schauen drauf, dass eine „Neue" nicht in der falschen Bankreihe Platz nimmt. Manche Frauen fühlen sich jedoch mit den vielen Männern im Rücken nicht wohl. Die eine oder andere hat aus diesem Grund schon auf die Teilnahme verzichtet. Leider lässt der Raum keine andere sicherheitstechnisch sinnvolle Trennung der Geschlechter zu.

Inhaftierte bringen ihre ganz eigene, zuweilen auch eigentümliche Spiritualität mit ins Gefängnis und in die Gottesdienste. Ihre Lebensgeschichte, ihre Herkunft, ihre Erfahrungen mit anderen prägten ihren Glauben. Hierin sind sie den Besuchern der Gottesdienste „draußen" völlig gleich. Einer, der fast zwei Jahre lang, jeden Donnerstag da war, und einen sehr tiefen und eigenwilligen Glauben mit sich trägt, sei hier vorgestellt. Matthias Geist erzählt:

„Das Rotlicht ist zum Kotzen" oder: Ein glaubhafter Jesuaner

Herbert blickte mich mit seinem harten, aber durchdringenden Gesichtsausdruck an, hörte, wer ich bin und meinte sofort: „Ja, natürlich mit Ihnen rede ich!" Ich wusste nicht, dass er eine Rotlichtgröße und mit anderen Komplizen erst kürzlich inhaftiert war. „Wissen S' ich brauch keine Bibel, ich hab sie bei mir. Den Jesus hab ich ganz in mir. Der war und ist immer der leiwandste. Er ist mein Freund. Brauchen Sie nicht auch so einen Freund, Herr Matthias?" So bedrängt er den Seelsorger, der nicht weiß, wie ihm geschieht. Die Tätowierungen und der raue Blick weichen einem gefühlvollen, herzlichen, schonungslos offenen und ehrlichen Menschen, der gelernt hat, sich in einer harten Welt durchzukämpfen. Und da erkennen wir beide, wie unterschiedlich sich unsere so gleichen Anfangsbedingungen entwickelt haben. Der behütete Pfarrersohn, der selber Pfarrer wurde, der ein angenehmes Nesthäkchendasein von Kindheit an mit Normalbiografie fortsetzt, sitzt einem Menschen gegenüber, der auch 1969, genau 15 Tage vorher, ebenso in Salzburg geboren wurde. Und es sprudelt aus ihm heraus. Wie es bei ihm war und wie es soweit gekommen sein dürfte. Und nicht nur das: ich werde aufgeklärt. Einerseits über die Mühen und das Geschäft mit den Huren, das zum Kotzen sei, wenn man all die Freier dann doch sehen müsse, die ihre grauslichen Körper und Fantasien zur Schau tragen und dann daheim die biederen Bankdirektoren und Familienväter sind. Andererseits auch über den, der bei ihm, im Puff über der Schwelle hängt: Jesus. Wer ihn ablehnt, hat kein Recht, Freund, Kunde, Geschäftspartner oder Prostituierte zu sein. Mit irgendwas sei es nötig, Geld zu machen, wenn man nichts gelernt hat und nur einige Jahre von der Oma erzogen, dann im Heim und von einer Partie zur anderen gereicht wurde. Aber das Geschäft ist vorbei und nur noch im kleinen Rahmen von Bedeutung. Seine Frau – ja, er darf keinen Kontakt zu ihr haben – sei ihm wichtiger. Aber sie würde er wohl bald verlieren, meint er schon nach wenigen Wochen.

Und der Druck, der auf ihm lastet, wächst. Eine Körperverletzung aus dem Jahre Schnee, die kann er freilich zugeben. Aber alles andere, das sei frei erfunden. Damit hat er nichts zu tun. Und so ergibt es sich, dass über die 19 Monate Untersuchungshaft, die erst nach Haftbeschwerde vom Oberlandesgericht aufgehoben werden, sich unsere

Gesprächsthemen immer wieder wandeln. Einmal sind es die ehrlichen Kieberer und die „Kas“ (Justizwachebeamten), die „schon okay“ seien. Andererseits die ehrlichen Mitgefangenen, denen er mit Handschlagqualität entgegentritt und die ihm auch helfen, wo er es nötig hat. Einige Zeit später – hier bebt er dann doch entgegen seiner sonst selbstsicheren und zu sich harten Ausstrahlung – kommt aber auch der Druck seitens der Staatsanwaltschaft, die ihn partout nicht enthaften, ja vielmehr in eine Aussage und Zeugenschaft gegen den Komplizen hineindrängen möchte. Nein, nein – nicht mit ihm. Das sei er dem anderen, ja das ist er jedem anderen schuldig, dass er ihn nicht verwamse. Noch dazu, wenn er ihn wirklich kaum kenne. Natürlich ist er über Namen und Geschichten gestolpert, aber bestätigen kann er nichts. Und selbst wenn er es könnte oder wenn er sich dadurch (wohlgemerkt durch eine falsche Zeugenaussage) „freikaufen“ könnte: dann hätte er wohl kein langes Leben zu erwarten. Aber das wüssten wohl ermittelnde Behörden nur zum Teil. Die beschäftigen sich in ihren gegenseitigen internen Machtkämpfen keinesfalls mit solchen Fragen. Da ergreift vielmehr die Staatsanwaltschaft die Partei für die Frau, die sie schützen will, und verhindert jeden Besuchs-, Brief- und Telefonkontakt. Weiters verhindert sie eine Beschäftigung im festen Glauben daran, dass ein Gefängnis so gebaut ist, dass ein Gefangenenkontakt unter Komplizen verhindert werden kann.

Herbert kritisiert die Gefangenen, ja auch mich als Seelsorger offen, wenn etwas nicht jesuanisch wirkt. Das tut gut, denn es ist konstruktive Kritik, die nicht jeder Pfarrer draußen oder im Gefängnis erhält. Und sie belebt 4-Augen-, manchmal auch 6-Augen-Gespräche, die wir führen. Nicht alles ist so, wie es den Anschein hat. Aber die Jünger brauchten einen Jesus, der so war, wie die Bibel ihn wirklich beschreibt. Das Kind lebt in Herberts jesuanischer Theologie und Glaubensüberzeugung. Er liebt den, der sagt: „Lasset die Kinder zu mir kommen!“ Er zeigt mir und seinem Mitgefangenen, der völlig verdutzt zusieht, wie eine Fußwaschung zu deuten und zu erleben ist, wenn sich einer wirklich für den anderen interessiert, sich ihm auch unterordnet oder ihm dient. So will er von einem Jesus, der ständig neben ihm als Begleiter ist, reden. Herbert predigt jedes Mal, er will es leider nicht öffentlich tun im Gefängnisgottesdienst. Da sitzt er und lässt Ruhe über sich kommen, er fühlt sich nicht überlegen, aber doch am allermeisten beschenkt, wenn jesuanische Gemeinschaft zumindest zum Teil zusammenfindet unter dem Zeichen des Kreuzes in der Justizanstalt.

Jesus als Mensch vor und nach dem Kreuz, das ist: Ein Gefüge aus fürsorglicher Oma, solange sie ihm Herberge und Fürsorge bot, aus einem Stück Revoluzzer-Mentalität der Jugend und aus echter, klarer (männlicher?) Sprache, die lebensnah Halt und Forderung zugleich ist. Kein Wischiwaschi, keine unnützen Gedanken, die vom Wesentlichen abbringen. Sondern Liebe und Leidenschaft für das Einzige, was im Leben Bestand hat. Das braucht er, das brauchen seiner Meinung nach alle. Und das hat der Seelsorger auch im Gefängnis zu verkünden.

Herbert ist Asket, sportelt mit improvisierten Hanteln im Haftraum, trinkt keinen Alkohol und raucht keine Zigarette – noch nie. Aber Herbert betet, er betet mir vor, er ringt nach längeren Gesprächen, am liebsten über 14.30 Uhr hinaus. 19 Monate hindurch bleibt er der Sache treu. Die völlig überraschende Enthaftung nehmen wir zum Anlass, dass ich ihm in der fremden Stadt den Weg zum Anwalt zeige. An der Gumpendorferstraße, wo wir noch Rat suchen, um ein Nachtquartier zu finden, steckt Herbert von seinem Entlassungsgeld – einfach so – einem Hilfsbedürftigen einen 20-Euro-Schein zu. „Der brauchts a – oder?!", meint er. Später sehen wir einander in der Pfarrgemeinde, wo er tatsächlich auftaucht. Und einer großen Schülergruppe steht er mit aller Resolutheit Rede und Antwort über sein „Geschäft", die Gefängniswirklichkeit und: über Jesus.

Beim Händedruck spüren wir: wir haben viel gemeinsam, anderes trennt uns in der Lebensführung und in der eigenen Realität. Predigen könnten wir beide, er auf gewisse Weise sicher überzeugender und impulsiver. Nur: Laufen sind wir noch nie gemeinsam gegangen.

*

Bei meiner Einführung als ehrenamtliche Gefängnisseelsorgerin in einem Gottesdienst „draußen" hat Herbert mich gemeinsam mit anderen gesegnet. Er legte seine Hände auf meinen Kopf und sprach mir ein Wort des Jesus zu, der ihn auf Schritt und Tritt begleitet. Ich war geehrt und gerührt.

In den Gottesdiensten in der Josefstadt wirken immer auch Gefangene mit. Deutsch und Englisch stehen gleichwertig nebeneinander, in der Hoffnung, dass in dieser multinationalen Gottesdienstgemeinde jeder das eine oder das andere versteht, oder wenigstens von jedem ein bisschen. Die Lesungen übernehmen Gefangene, so wie auch Teile der Fürbitten. Auch die Predigt teilen wir Pfarrer und Pfarrerinnen uns mit einem Insassen.

Wir tragen dabei die Verantwortung für alles, was im Gottesdienst gesagt und getan wird. Darum müssen die Mit-Predigenden ihre Gedanken rechtzeitig zu Papier bringen. Einige Tage vor dem Gottesdienst gehen Matthias Geist oder ich, je nachdem, wer den kommenden Gottesdienst leitet, diese vorbereiteten Texte bei einem Besuch mit dem Insassen durch. Das ist ein heikles Unternehmen. Einerseits will ich dem Menschen seinen eigenen Zugang zu einem biblischen Text zugestehen. Andererseits muss ich die anderen Gottesdienstteilnehmer vor allzu krausen Gedanken schützen. Tiefe und sehr ernste Gespräche ergeben sich bei solchen Vorbereitungstreffen. Manchmal sind dann beide zufrieden. Manchmal gehe ich mit einem mulmigen Gefühl weg. Dann habe ich es trotz intensiver Diskussion nicht geschafft, den Duktus der Auslegung wesentlich zu beeinflussen. In so einem Fall bereite ich meine eigene Predigt so vor, dass sie ein theologisches Gegengewicht bildet. Die Gedanken des Vorredners oder der Vorrednerin würdige ich, setze ihnen aber einen anderen Zugang zur biblischen Botschaft entgegen. Dann sage ich einfach: „Das verstehe ich anders als Karla. Hier stimme ich mit Herrn Thoman nicht überein." Bis heute scheint mir dieser Spagat zwischen geistlicher Freiheit und theologischer Verantwortung einigermaßen gelungen zu sein, ohne dabei die Menschen zu verletzen, die bereit sind, ihre Gedanken einzubringen.

Herr Thoman, ein zu zwei Jahren Haft plus Maßnahme verurteilter Sexualstraftäter, predigte regelmäßig in meinen Gottesdiensten, bevor er auf eine Abteilung für „geistig abnorme" Rechtsbrecher in ein anderes Gefängnis kam. Seine Spezialität ist der Weltuntergang. Überall erkennt er Zeichen des nahenden Endes. Entsprechend drohend fielen seine Auslegungen der Bibel aus. Bei den gemeinsamen Gottesdienstvorbereitungen führten wir heiße Debatten. Meine Korrekturen akzeptierte er meistens mit einem Schulterzucken. Gegenüber seinem Zellengenossen Herrn Lobmeyer, der ebenso regelmäßig am Gottesdienst teilnahm, äußerte sich Herr Thoman wiederholt sehr kritisch über meine theologischen Auffassungen und Auslegungen der biblischen Texte. In seinen Augen werde ich wohl eines Tages in der Hölle schmoren. Meine Hoffnung, dass er doch in den biblischen Schriften nicht nur Vernichtung, Drohung und Strafe finden würde, sondern auch Zuspruch und Trost, habe ich inzwischen aufgegeben.

Solche angstmachenden Zugänge zur Bibel erlebe ich aber auch „draußen" in den Gemeinden. Auch die Meinung, dass ich nicht den rechten Glauben hätte, bekam ich draußen oft und oft zu hören. Insofern hat Herr Thoman in religiöser Hinsicht genau mit den Menschen etwas gemeinsam, die ihn am heftigsten verurteilen und verachten.

Bevor er in das andere Gefängnis überstellt wird, schreibt er für seinen letzten Gottesdienst in einer Predigt sehr positiv: „Ist es nicht schön, jetzt die Stunde gemeinsam hier verbringen zu können? Endlich etwas abspannen und Positives aufnehmen, wonach du und ich uns schon die ganze Woche sehnlichst drauf gefreut haben.

Wie schön es doch ist, wenn Karla freudig ihre mitgebrachten Lieder anstimmt, und alle mitzureißen weiß und in der englischen Sprache diese kleine Gemeinde mit ihren inhaltsreichen und tiefgründigen Gedanken bereichert. Die Atmosphäre, die uns der Pianist schenkt, wenn er die Lieder gekonnt begleitet, dazu das Saitenspiel der Gitarre …

Das alles und noch viel mehr macht unser Zusammensein hier selbst in dieser schweren Zeit zu etwas Unvergesslichem. Ist das nicht wunderbar? […] Vielleicht ist dir schon passiert, dass du dachtest: *Jetzt geht's nicht mehr weiter, – wie soll ich das bloß schaffen*? Und dann kommst du hierher, sitzt, hörst zu und betest und die Gedanken werden plötzlich ganz frei und zwanglos (mir geht es oft so) …"

Karla ist fest davon überzeugt, Gott habe sie im Gefängnis mit einer Aufgabe betraut. Seit mehreren Jahren übernimmt sie einen Teil der Predigt. Eigenwillig ist ihre Auslegung biblischer Texte, und sehr moralisch. Sie schafft es, aus jedem Satz der Bibel eine ethische Anweisung zu machen. Dann steht sie mit blitzenden Augen, heftig gestikulierend vor ihren Mitgefangenen und erzählt ihnen, wie schädlich Eifersucht, Neid, Hass und Begierde für das Leben und das Heil der Menschen seien. Meist schließt sie mit der Aufforderung, in die Hafträume zurück zu kehren, und bessere Menschen zu werden.

Zum Predigtdienst hat Karla auch die Aufgabe einer Kantorin übernommen. Spirituals und Gospels, eine Form der Kirchenmusik, die grenzüberschreitend weltumspannend bekannt ist, singen alle Anwesenden unter ihrer Führung begeistert mit. Selten höre ich in den Gemeinden „draußen“ so einen herzhaften und schwungvollen Gesang im Gottesdienst.

Karla bezieht viel Kraft aus der Überzeugung, dass Gott sie an diesen Ort geführt hat. Sie geht meist fröhlich ihrer Putzarbeit nach und muntert ihre Mitgefangenen auf. Dazu schreibt sie Briefe an Mithäftlinge, die in ein anderes Strafhaus verlegt wurden. Besonders kritisch wacht sie über das Verhalten der Frauen während der Gottesdienste. Die eine oder andere versuchte sie schon wortlos von meiner Liste zu streichen. Ebenso kann es geschehen, dass Karla sich nicht an die gemeinsam bearbeitete Vorbereitung ihrer Rede hält, das Manuskript zur Seite legt und einfach loslegt. Solche Übergriffe richtig dosiert zu stoppen oder zurück zu weisen ist eine Kunst, die unterschiedlich gelingt. In einem unserer Gespräche zum Thema meinte sie, dass es einen enormen Unterschied für die Gefangenen mache, ob sie – eine Mitgefangene – die Bibel auslege, oder ich, die ich einen Schlüssel am Gürtel trage und jederzeit nach Hause gehen kann. Wo sie Recht hat, hat sie Recht.

Manchmal aber sehe ich Karla an, dass auch sie viel Kraft braucht, um ihren Glauben, ihre positive und offene Einstellung aufrecht zu erhalten.

Auch wenn alle wissen, dass wir Pfarrer und Pfarrerinnen noch am selben Tag wieder nach Hause gehen, merke ich, wie auch unsere Auslegung, unsere Predigten bei den Leuten ankommen. Ein kräftiges „Amen“ mitten drin, ein kurzes Lachen, ja auch manchmal ein schneller Widerspruch aus den Reihen der Anwesenden zeigt, wie sehr sie bei der Sache sind und bereit sind, auch den Schlüsselträgern zuzuhören.

Immer wieder geschieht es auch, dass nach einer Predigt jemand auf mich zukommt und um einen Besuch bittet. Frau Beranek hatte mehrere Wochen die Gottesdienste besucht. Einmal erzählte ich von „Jesus, der weint und wütend ist“, wie sie es später zusammenfasst. Das machte ihr Mut, mich um einen Besuch zu bitten. Bei diesem ersten Treffen im Sozialraum auf ihrer Abteilung, gab sie mir den Inhalt meiner Predigt wieder und erzählte, was ihr dabei gut getan hatte.

Welche Fürbitten bete ich vor den Menschen, die im Gefängnis sitzen? Was kann ich ihnen als Gebetsgedanken anbieten, was lasse ich lieber bleiben? Als ich begann, mit Gefangenen Gottesdienst zu feiern, bewegte mich diese Frage. In einem Gottesdienst ging es um das Brüderpaar Kain und Abel. Karla legt los und donnerte die Leute an. Kain sei wohl abschreckendes Beispiel genug. Seht vor, dass ihr nicht so werdet wie Kain. Durch und durch schlechte Menschen. Mein Part war es dann, das Schutzzeichen Gottes den Gefangenen zu zeigen. Auch der Mörder Kain, blieb noch unter Gottes Schutz. Sein weiterer Lebensweg war nach der biblischen Erzählung vielversprechend: Er nahm eine Frau, zeugte einen Sohn und baute eine Stadt. Selbst der Mörder hat nach der Bibel eine Zukunft. (Gen 4,17).

Das anschließende Gebet hatte ich sehr sorgsam und um Ausgeglichenheit bemüht auf Englisch und Deutsch formuliert. Mit leisem Zittern trug ich es vor:

Gott des Lebens.
Deine Gnade ist größer als unser Herz.
Deine Barmherzigkeit ist weiter als unsere Gerechtigkeit.
Höre, wenn wir dich bitten:

Für die Opfer aller bewussten und unbewussten Taten.
Für die Verletzten und Entsetzten,
die nur schwer zurückfinden in ein normales Leben.
Für die, deren Schmerz und Verlust nicht enden will.
Berühre sie mit heilender Hand.

Für die Täterinnen und Täter unter uns.
Für jeden und jede, die absichtlich oder unabsichtlich
oder aus Gleichgültigkeit Schaden angerichtet hat.
Gib ihnen den Mut, sich ihrer Tat zu stellen
und schenk du ihnen einen neuen Anfang.

Für die Rechtsprechung in unserem Land,
für die Richterinnen und Staatsanwälte, für die Verteidiger.

Gib ihnen Weisheit und Augenmaß,
sodass ihr Urteil Opfern und Tätern gerecht wird.

Bewahre unsere Gesellschaft davor,
Schuldigen das zu verwehren,
was du uns reichlich gibst:
Vergebung und einen neuen Anfang.

Laut ertönte zu meiner Überraschung nach jedem Absatz das spontane „Amen" der Anwesenden. Ich bekam eine Gänsehaut, begann zu schwitzen. Tastete mich wieder ein paar Zeilen weiter. Wieder Amen. Wieder Amen. Die anschließende Gebetsstille erlebte ich atemlos. Sie war so tief, so dicht, dass ich lange nicht wagte, sie abzubrechen und zum Vaterunser überzuleiten. Erst als die Wachebeamten unruhig auf die Uhr sahen, beendete ich, was wohl noch viel länger hätte dauern können.

Im Mai 2012 gab Matthias Geist ein Interview für die evangelische Kirchenzeitung „Die SAAT". Vom Redakteur um eine besonders berührende Geschichte gebeten, sagte er: „Wenn wir am Schluss des Gottesdienstes im Gebet still werden, dann ist das ein unglaublich dichter Moment. Das ziehe ich manchmal ein bis zwei Minuten lang, und merke: Da ist jetzt jeder hier in der Kapelle nur noch Mensch mit sich und seinen Bitten."

Herr Nuri ist Moslem. Eine Zeit lang bewohnt er gemeinsam mit Herrn Langmann einen Haftraum. So bekommt er natürlich mit, dass ich seinen Zellengenossen jede Woche besuche. Er spürt dessen Vorfreude auf den Besuch am Montag. Er sieht, dass Herr Langmann geweint hat oder ganz fröhlich zurückkehrt nach unserem Gespräch. Eines Tages sagt Herr Langmann beim Abschied zu mir: „Herr Nuri lässt fragen, ob Sie auch mit ihm reden würden." Ich sage, dass ich Zeit habe. Er holt den Mitgefangenen. Zusammen sitzen wir in dem schützenden Holzverschlag, der für persönliche Gespräche vorgesehen ist. Herr Nuri hat die Hände gefaltet auf den Tisch gelegt. Er schaut auf die Tischplatte. Ich bin ein wenig ratlos, da ich nicht einmal weiß, ob er Deutsch spricht oder versteht. Also warte ich.

das kreuz

meine rechte hand steckte ich in den hosensack.
dort hielt sie ein kreuz aus olivenholz fest
– ganz fest.
ich hatte angst, fühlte mich nackt.

das kreuz blieb lange in meinem hosensack.
meine hand ist wieder offen.
ich reiche sie einem, der als besonders
gefährlich gilt.

er steht vor einer operation.
der gesamte bauch wird aufgeschlitzt.
er hat angst, zittert.

ich gebe ihm mein kreuz aus olivenholz.
nach zwei wochen besuche ich ihn.
das kreuz liegt auf seinem nachtkästchen.

Ich warte lange. Herr Nuri rührt sich nicht. Ohne aufzusehen murmelt er kaum hörbar: „Sie für mich beten."

Alles hätte ich erwartet, diese Bitte überrascht mich sehr. Ich weiß nichts von diesem Mann. Kenne weder seine Herkunft noch seine Verhältnisse „draußen". Ich habe auch keine Ahnung, warum er im Gefängnis ist, was ihn bei Gericht erwartet. Ich weiß aber von Herrn Langmann, dass er die muslimischen Speisegebote hält. So spreche ich ein sehr allgemein gehaltenes Gebet, das auf jeden Fall passt, und ende mit Amen. Er bleibt lange still. Dann schaut er auf. Lächelt. Bedankt sich und sagt: „Sie noch Hände auf Kopf." Wieder bin ich verwirrt und unsicher. Will er gesegnet werden? Welches Ritual gibt es im Islam, das von dieser Geste begleitet ist? Ich entscheide mich, das zu tun, was ich kann und oft schon getan habe. Schließlich weiß er ja, dass ich die Hallelujafrau, die evangelische Pfarrerin bin. Ich lege ihm spürbar die Hände auf den Kopf und sage: „Es segne und behüte dich der allmächtige Gott." Eine verbale Notbremsung bewahrt mich gerade noch davor, den Segen wie gewohnt fortzuführen mit den Worten: „Vater, Sohn und Heiliger Geist." Das wäre dem Moslem doch zu viel zugemutet. Ich weiß, dass Muslime die Lehre von der Trinität Gottes, von der sogenannten Heiligen Dreifaltigkeit, vehement ablehnen. Sie verstehen sie als Vielgötterei. Das entspricht zwar nicht dem theologischen Ansatz. Aber für solche Spitzfindigkeiten ist hier nun wirklich nicht der Ort. So beende ich meinen Segen mit den Worten: „Gott, der dich auch hier im Gefängnis begleitet."

Herr Nuri steht auf, bedankt sich kurz und entschwindet. Ich bleibe zurück und wundere mich im Stillen, was das alles nun zu bedeuten hat.

In der darauffolgenden Woche wünscht Herr Nuri wieder ein Gespräch. Er berichtet, dass seit diesem Tag, an dem ich ihn gesegnet habe, zwei Engel auf seinen Schultern sitzen und ihm helfen, seine übergroße Angst zu tragen. Dann bittet er wieder um den Segen. Von da an möchte er viele Wochen lang an jedem Montag seinen Segen „aufgefrischt" bekommen. Viel reden wir nicht. Ihm scheint das zu genügen.

die beichte

er schwieg
als seine frau den bruder
aus der wohnung verwies
in die obdachlosigkeit

er schwieg achtundzwanzig jahre lang

jetzt war es gesagt – endlich
nachdem er entlassen war
und er seine obdachlosigkeit
nicht ertragen hatte

Die Angehörigen oder:
Verschämtes Unglück

Laut Volkszählung 2001 ist die erwachsene Bevölkerung in Österreich mehrheitlich verheiratet oder verpartnert und zu weniger als einem Drittel ledig. Ganz anders ist die familiäre Situation von Gefangenen. Zum Stichtag 1. September 2011 waren 64 Prozent der Inhaftierten ledig, nur 17 Prozent verheiratet und 15 Prozent geschieden.[44] Wer ohne Familie lebt, hat also ein hohes Risiko, straffällig zu werden bzw. unter Verdacht zu geraten.

Längere Haftstrafen, manchmal bereits auch kurze, zerstören Familien. Wer als Familienvater ins Gefängnis kommt, wird oft als Geschiedener entlassen. Auch die eheliche Wohnung ist dann verloren. Wo so ein Mensch unterkommt, ist fraglich.

Die Gesellschaft müsste großes Interesse daran haben, dass Beziehungen bestehen bleiben, um die Rückkehr in ein normales Leben nach der Haft zu ermöglichen. Dazu würde es aber viel mehr Möglichkeiten des Kontaktes und der Begegnung brauchen. Statt die Angehörigen von Inhaftierten zu unterstützen, bekommen sie oft die ganze Wut und Verachtung der „braven Bürger" zu spüren. Sippenhaftung gibt es auch noch im 21. Jahrhundert.

Erschüttert erzählt Herr Moser von der ersten Begegnung mit seiner Schwester nach vierzehn Monaten. Sie besuchte ihn im Gefängnis für Langzeithäftlinge. Vorwürfe habe sie ihm keine gemacht, sagt er. Sie habe nur erzählt, was aus ihr und ihrer Familie geworden ist. Herr Moser und seine Schwester lebten in derselben Kleinstadt. Als Herr Moser und seine Komplizen nach einer Serie von Banküberfällen inhaftiert wurden, hatte die ganze Gegend von der räuberischen Bande gewusst und vor ihrem nächsten Überfall gezittert. Auch wenn nie eine Person zu Schaden gekommen war, fürchteten sich die Menschen. Nun war die Identität des einen Täters gelüftet. Ein Bürger der kleinen Stadt war entlarvt. Er befand sich in einem anderen Bundesland im Gefängnis. Der ganze Zorn der Leute traf die am Ort verbliebene Schwester und ihre Familie. Sie hatte von den kriminellen Abwegen ihres kleinen Bruders nichts gewusst. Das half ihr wenig. Herr Moser erzählt erschüttert, dass seine Schwester mit ihrer Familie wegziehen musste, weil sie nicht mehr in Frieden leben konnten. Diese erste Begegnung nach der rechtskräftigen Verurteilung traf Herrn Moser tief. Immer neue Aspekte seiner Banküberfälle begann er nun wahrzunehmen. Folgen für andere, die er – ich glaube ihm, wenn er das immer wieder beteuert – nicht intendiert hatte.

Jede Woche reiste Frau Lobmeyer aus ihrem viele Autostunden weit entfernten Wohnort an, um eine halbe Stunde mit ihrem Mann hinter einer Glasscheibe über ein Zimmertelefon sprechen zu können. Danach reiste sie wieder zurück. Insgesamt war die Siebzigjährige an diesen Besuchstagen acht Stunden unterwegs. Ein ganzes Jahr lang. Bei schlechtem Wetter, wenn sie nicht mit dem Auto fahren konnte, sondern die Bahn nehmen musste, dauerte die Reise noch länger.

Bertl Lobmeyer hatte mir schon angekündigt, dass seine Frau gerne einmal mit mir sprechen wolle. Frühmorgens läutete sie an der Tür der evangelischen Seelsorge. Sie war vor Sonnenaufgang von daheim aufgebrochen. Frau Lobmeyer wirkte kräftig und voll Energie. Ihre Kleidung hatte sie sorgfältig gewählt. Die Tracht erzählte von ihrer ländlichen Herkunft. Ich begrüßte Bertls Frau und bot ihr einen Platz am kleinen Tisch an. Kaum hatte sie sich niedergelassen, öffneten sich die Schleusen. Frau Lobmeyer weinte und weinte. Wortlos reichte ich ihr eines der stets bereitstehenden Taschentücher nach dem anderen und wartete. Nach einiger Zeit versiegten die Tränen. Sie putzte sich die Nase, setzte sich gerade und sagte: „Entschuldigen Sie."

„Jetzt haben sie wohl zum ersten Mal richtig weinen können?", vermutete ich. Frau Lobmeyer nickte. Das folgende Gespräch verlief kurz. Sie erzählte, wie sie mit Hilfe der erwachsenen Kinder und unter großem körperlichen Einsatz den gemeinsamen Betrieb am Laufen hielt. Todmüde sei sie jeden Abend und das bewahre sie davor, nachzudenken. Denn weinen käme zu Hause nicht in Frage. Das könne sie sich dort nicht erlauben.

Seit ihrem ersten Besuch kam Frau Lobmeyer im Abstand von mehreren Wochen in den Raum der Seelsorge um zu weinen. Meine

Kollegen waren dann vorgewarnt und hielten sich in dieser Zeit vom Büro fern. Ein gesondertes Sprechzimmer für Angehörigengespräche gibt es im Haus nicht. Ein gemeinsamer Kaffeehausbesuch hätte Frau Lobmeyer nicht geholfen. In der Öffentlichkeit des Lokals hätte sie sich gewiss nicht erlaubt, so herzhaft zu weinen.

Familie Lobmeyer hält zusammen. Sie erledigt gemeinsam den Alltag in dem großen Betrieb. Über den inhaftierten Vater und Ehemann fällt weder nach außen noch nach innen ein Wort. Es ist, als gäbe es ihn nicht. Ab und zu begleitet ein erwachsener Sohn oder eine Tochter die Mutter nach Wien und besucht den Vater. Dann bekommt dieser zu hören, dass alles ganz wunderbar läuft. Die Arbeit, die er sonst erledigt hat, ist auf alle gemeinsam aufgeteilt. Es gibt keinerlei Probleme.

Herr Lobmeyer meinte bei unseren Gesprächen, dass er der einzige sei, dem es schlecht gehe. Der Täuschung durch das Schönwettergesicht seiner Angehörigen gibt er sich gerne und ausgiebig hin. Immer wieder zeige ich ihm, dass seine Frau unter den Umständen und der Sorge um ihn, unter der Anstrengung und der Angst vor der Gerüchteküche im Ort mehr leidet als er. Nicht die zusätzliche Arbeit im Familienbetrieb sei es, was sie belastet. Mit offenem Mund hörte mir der alte Herr zu. Er glaubt es nicht. Er packt es nicht. So genau will er es wohl auch gar nicht wissen. Er ist es doch, der hier nun eingesperrt sitzt und leidet. Mit der Zeit kann er wenigstens die Strapazen der wöchentlichen Anreise, die Angst vor dem Tratsch der Leute nachvollziehen. Ich schlage ihm vor, zum fünfzigsten Hochzeitstag, den sie nun nicht gemeinsam feiern können, seiner Frau einen Liebesbrief zu schreiben. Herr Lobmeyer windet sich. Herr Lobmeyer findet auf meine Nachfrage Ausflüchte: Keine Ideen, kein Papier, keine Ruhe hätte er in der vergangenen Woche gehabt. Aber nächste Woche schreibe er ganz gewiss. Dann wieder: Keine Ruhe, keine Ideen, der Kugelschreiber sei aus gewesen. Endlich sagt er das, was ich schon weiß: „Wissen Sie, zwischen uns haben wir nie solche Worte gefunden. Es ging um die Arbeit, um die Kinder. Aber nicht um uns." Kurz vor seiner Entlassung strahlt er mich bei einem Besuch an. „Ich habe ihr geschrieben." Misstrauisch, da ich seine Haltung kenne, frage ich nach: „Haben Sie ihr geschrieben, wie schlecht es Ihnen geht, oder dass Sie wissen, wie schwer es Ihre Frau hat?"

Stolz berichtet er, dass er gar nichts von seinem Leiden geschrieben hat. Nur gewürdigt und anerkannt habe er ihre Leistung. Nicht nur jetzt in der schweren Zeit seiner Inhaftierung, sondern in den vielen gemeinsamen Jahren.

Friederike Sieghart, die Lebensgefährtin von Herrn Petri wohnt in Wien. Um auf Besuch zu kommen, muss sie nur ein paar Stationen mit der Straßenbahn fahren. Dennoch scheint sie es schwerer zu haben, als Frau Lobmeyer. Der versuchte Bankraub und die Inhaftierung von Herrn Petri hatten sich gleich nach seiner Verhaftung in ihrer Familie herumgesprochen. Daraufhin verlangten ihre beiden älteren Schwestern, dass Frau Sieghart sofort die Beziehung zu Herrn Petri beenden und den Kontakt zu ihm einstellen solle. Sie stellten sie vor die Entscheidung: „Er oder wir". Frau Sieghart entschied sich für den inhaftierten Lebensgefährten. Die Familie brach daraufhin den Kontakt zu ihr ab. In einer Zeit, in der sie am dringendsten Unterstützung und Ermutigung gebraucht hätte, war sie nun vollkommen isoliert. Die Geburtstagseinladungen blieben aus, Weihnachten saß sie allein zu Hause. Frau Sieghart griff immer öfter zum Alkohol.

Herr Petri bat mich, seine Lebensgefährtin zu unterstützen. Immer wieder gab er ihr meine Telefonnummer. Frau Sieghart rief nicht an. Frau Sieghart hatte Angst. Wenn schon die eigenen Schwestern einen so behandeln, was sollte sie von einer fremden Person erwarten. Eines Tages rief ich sie selber an. Sie war bereit, sich mit mir an ihrem nächsten freien Tag zu treffen. Wenige Stunden vor dem vereinbarten Termin schrieb sie ein SMS: „Bin leider verhindert. Melde mich." Wochenlang hörte ich von ihr nur das, was Herr Petri von ihren Besuchen und Telefonkontakten erzählte. Irgendwann versuchte ich es wieder, bot ihr ein Treffen an. Nach dem dritten Anlauf kamen wir bei einer Tasse Kaffee zusammen. Frau Sieghart nahm Platz und begann zu reden. Sie weinte nicht, sie tobte vielmehr. Ihr ganzer Ärger, ihr Frust, ihre Enttäuschung quoll aus ihr heraus. Dabei rauchte sie eine Zigarette nach der anderen. Mit zitternder Hand führte sie die Kaffeetasse zum Mund und erzählt: Sie habe Angst, dass er mit ihr Schluss machen würde. An allen Ecken und Enden sieht sie dafür Indizien: Wenn das Guthaben auf der Telefonwertkarte aus ist und das Gespräch mitten im Satz abbricht, glaubt sie, er habe aufgelegt. Wenn das Telefon auf der Abteilung tagelang nicht funktioniert und der vereinbarte Anruf nicht kommt, ist sie überzeugt, dass er einfach nicht mit ihr reden will. Wenn der tägliche Brief ausbleibt, manchmal mehrere Tage hintereinander keine Post von ihm kommt, trösten sie auch nicht die fünf Briefe, die einige Tage später gleichzeitig im Postkasten liegen. Wenn es ihm schlecht geht, er an manchen Tagen wenig Aufbauendes zu sagen hat, dann stürzt Frau Sieghart in ein tiefes Loch. Ich versuche, die Bedingungen und Abläufe im Gefängnis zu erklären. Die überlasteten Leitungen, an denen immer wieder der Kontakt zu Angehörigen scheitert. Auch in anderen Gefängnissen sind die Telefone immer wieder tagelang kaputt. Manchmal wird der Kontakt durch technische Mängel im Minutentakt unterbrochen. Dann muss neu gewählt werden. Jedes Mal wieder läuft dann das Tonband, das ein mögliches Mithören oder Mitschneiden des Gesprächs bekannt gibt. Kostbare, teure Zeit in der man nicht miteinander sprechen kann, sondern gemeinsam stumm der weiblichen Stimme lauscht. Die kostspieligen Telefonwertkarten, die bei Anrufen zu einem Handy mit rasender Geschwindigkeit das Guthaben fressen. Die Post, die manchmal liegen bleibt, erst nach Tagen weiter geht, wenn auf den Abteilungen andere, für den Ablauf und die Sicherheit wichtigere Dinge zu erledigen sind.

Ein wenig beruhigt verabschiedet sich Frau Sieghart von mir. Wenig später bekomme ich ein SMS ohne Unterschrift: „Ich habe den Gerhard so lieb." Auch ohne Unterschrift weiß ich, wer die Nachricht geschrieben hat.

An manchen Tagen erscheint Friederike Sieghart nicht zum vereinbarten Besuch bei Herrn Petri. Sie erträgt die Situation, die Atmosphäre im Gefängnis an solchen Tagen einfach nicht. Die Sicherheitsvorkehrungen beim Eintreten. Das Abgeben von Handy, Schlüsseln, Wertsachen. Die Körperkontrolle. Das Warten im dunklen stickigen Gang der Besucherzone, die Glasscheibe, der Telefonhörer, die vielen anderen Menschen rundherum, die auch da sitzen und reden, das alles bringt sie in einen Zustand, in dem sie die langersehnte Begegnung nicht mehr entspannt genießen kann. Kein intimes Wort ist möglich. Wenn sie weg bleibt, versucht Herr Petri Verständnis aufzubringen, sie vor sich zu entschuldigen. Ich sehe ihm an, wie er an solchen Tagen leidet. Der Gedanke, wenn sie Schluss macht, mache ich auch Schluss, steht ihm noch immer ins Gesicht geschrieben.

Wenn er aber merkt, dass es ihr schlecht geht, wenn sie wieder mehr Alkohol trinkt als ihr gut tut, in solchen Momenten denkt er nicht mehr an Selbstmord. Er blüht regelrecht auf, macht Pläne, arbeitet aktiv mit den zuständigen Stellen an der Gestaltung seiner Haftstrafe zusammen.

Auf einmal sieht er für sich wieder eine Zukunft. Sein Lebenszweck, sein Lebensinhalt ist Friederike Sieghart. Sie will er beschützen, vor allem Übel, auch vor dem Übel des Alkohols bewahren. Mit ihr will er zusammen sein. Aber auch an solchen hoffnungsvollen und guten Tagen bleibt der eine Vorbehalt: „Wenn sie Schluss macht, egal, ob ich drinnen oder draußen bin, mache ich auch Schluss."

Herr Nuri hat eine Frau und zwei Kinder. Daneben gibt es noch eine Freundin. Sie ist jünger als die Ehefrau und sehr, sehr sexy. Die Freundin schreibt Herrn Nuri glühende Liebesbriefe ins Gefängnis. Ich soll sie lesen, meint er, und schiebt mir einen mit rosa Herzen bemalten Briefbogen hin. Ich habe keine Lust auf diese Art Lektüre, lasse mich überreden, lese mit Widerwillen. Danach gebe ich ihm den Brief zurück. Außer einem Kopfschütteln bekommt er zu dem Schreiben von mir keine Reaktion.

Eine Woche später erzählt er, er habe mit der Freundin Schluss gemacht. Dabei strahlt er. Ich frage, wie es zu dem Sinneswandel gekommen ist. Herr Nuri hatte mit seiner Frau telefoniert. Im Hintergrund hörte er die Stimmen seiner Kinder. Da habe es in seinem Kopf „klick" gemacht. Er beginnt zu weinen, spricht von der Sehnsucht nach seinen Kindern, weiß um das Unrecht, das er seiner Frau angetan hat.

Ich treffe Barbara. Sie ist eine feine Erscheinung, schlank, lebendig, ein Kraftbündel. Ihr Mann hat ihr bereits berichtet, dass die Sache mit der Freundin vorbei ist. Er will nur sie und die Kinder, er will nur seine Familie, hat er zu ihr gesagt. Sie ist nicht sicher, ob er lügt oder die Wahrheit sagt. Die Sache mit der Freundin ist definitiv zu Ende, bekräftige ich. Alles andere wird sich wohl erst in Zukunft weisen. Herr Nuri hat auf das Konto der Seelsorge von seinem Hausgeld 15 Euro überwiesen. Mit dem Geld habe ich in seinem Namen

Blumen gekauft für seine Frau. Ein grüner Stock soll es sein, hat er gewünscht. Nichts, was nach ein paar Tagen verwelkt und weggeworfen wird. Etwas, was da bleibt, wächst und gedeiht und größer wird. So wie seine Liebe größer wird. Ein Geschenk für den Geburtstag in der kommenden Woche soll es sein. Barbara hat das Geschenk mit Freude angenommen. „In sieben Jahren hat er mir erst zwei Mal etwas geschenkt", sagt sie und kann es gar nicht fassen. Das Kind in ihrem Arm wird langsam unruhig. Wir verabschieden uns. Sie will ihren Mann an ihrem Geburtstag besuchen.

Der Geburtstag kommt. Er teilt mir traurig mit, dass seine Frau den Besuch abgesagt hat. Angeblich, angeblich, so sagt er, käme die Kleine heute in die Kinderkrippe. Angeblich, angeblich kann nicht die Oma das Kind an diesem ersten Tag begleiten. Es muss die Mutter sein. Angeblich. Angeblich. Herr Nuri ist untröstlich. Er interpretiert die Absage des Besuchs als Zeichen dafür, dass seine Frau ihn verlassen will. Ich selbst habe sechs Enkelkinder. Sie alle sind im Alter von eineinhalb Jahren in die Krippe gekommen. Ich als Großmutter war bei diesem Ereignis nicht gefragt. Die Mutter – wenn es gar nicht anders ging, der Vater – musste nach dem Willen der Krippenbetreiber den ersten Schritt in den neuen Lebensabschnitt des Kindes begleiten. Es dauert, bis Herr Nuri meinen Worten Glauben schenkt. Er versteht nicht, will nicht verstehen. Die Enttäuschung ist zu groß. Die Angst, seine Familie, die er selber so leichtfertig aufs Spiel gesetzt hat, zu verlieren, sitzt zu tief.

Ehepartner oder Lebensgefährten, die über lange Zeit nur sehr eingeschränkt kommunizieren können, entwickeln ein tiefes Misstrauen. Die „draußen" leben, können sich die engen Grenzen „drinnen" kaum vorstellen. Die „drinnen" sind, haben das Gefühl, dass nun alles ohne sie geschieht, sie bei Entscheidungen übersehen und übergangen werden, also von denen „draußen" bereits abgeschrieben sind. Auch Kleinigkeiten, die sonst mit einem Schulterzucken erledigt wären, erzeugen tiefe Krisen zwischen Partner und Partnerin.

Herr Fellner hat von seinem im Gefängnis verdienten Geld seiner Frau 300 Euro überwiesen. Am Telefon teilt er ihr das mit. Sie nimmt es zur Kenntnis erwähnt das Geld aber in den folgenden Wochen nie wieder. Er ärgert sich. „Sie könnte ja wenigsten danke sagen", meint er.

mit leeren händen

sie ist mutter, großmutter
vielfach
ganz und gar
immer hat sie geschenkt
gekauft, geschenkt
gemeinschaft gekauft
das einstige einzelkind
jetzige mutter, großmutter
vielfach
ganz und gar
geschenkt und gekauft
ohne geld
unverbesserlich

zu weihnachten
darf sie nach hause
ohne geld, ohne geschenk
mit leeren händen
in die gemeinschaft
nicht erkauft
nicht erschwindelt
mit leeren händen
endlich
hoffentlich genug

Ich frage ihn, ob das Geld denn schon angekommen sei. Er ist fest davon überzeugt, fragt jedoch beim nächsten Telefonat nach. Seine Frau ist erbost, weil kein Geld angekommen ist und sie die Ankündigung ihres Mannes als reine Lüge empfindet. Er ist zutiefst verletzt, weil er meint, sie spiele irgendein grausames Spiel mit ihm und hätte das Geld längst in Händen.

Ich frage nach, warum sie so ein Spielchen machen sollte und ob er sich vorstellen kann, dass es wirklich nicht angekommen ist. Zwei Monate lang ist das wöchentliche Telefongespräch der beiden unterkühlt. Beide sehen den anderen ja als Lügner. Schließlich bittet Herr Fellner Matthias Geist, in der Buchhaltung des Gefängnisses nachzusehen. Und wirklich, auf Grund eines Buchungsfehlers – wo auch immer dieser passiert sein mag – liegt das Geld noch auf seinem Konto. Ein Anruf von Matthias bei Herrn Fellners Frau klärt die Geschichte auf. Als mir Herr Fellner die Sache erzählt, bitte ich ihn, alle Enttäuschung, die damit verbunden war, die ganze Bitterkeit und das Misstrauen, loszulassen und als ungerechtfertigt innerlich zu entsorgen. Es fällt ihm wohl ähnlich schwer wie seiner Frau, die ja auch über viele Wochen vermuten musste, dass ihr Mann sie anlügt.

Solche Geschichten belasten die Beziehungen. Wenn Angehörige ohne Begleitung damit fertig werden müssen, kann es eines Tages auch zu viel sein.

Gefangene haben Kinder oder:
Bestrafte Unschuld

Theresa ist jung. Ich schätze sie nicht älter als Mitte zwanzig. Theresa ist drogensüchtig. Sie kam ins Gefängnis, weil sie ein wenig gedealt, ein wenig gestohlen hat. Theresa sitzt im Gottesdienst. Ich habe den Eindruck, dass sie nicht viel mitbekommt von dem, was um sie herum passiert. Ihre Haare sind strähnig. Ihr Blick unstet. Ihre Haut erzählt von ihrem ungesunden Leben. Die junge Frau wirkt auf mich wie ein dumpfes Wesen, das nicht in dieser Welt, auch nicht im Gefängnis, angekommen ist.

Ich besuche Theresa auf ihrer Abteilung. Das Gespräch verläuft einseitig. Theresa sitzt da, schaut auf ihre Hände und schweigt mich an. Sie ist nicht unhöflich. Sie hat mir einfach nichts zu sagen. Sie bekommt Substitutionstherapie. Das Mittel benebelt sie wie früher ihre Drogen. Nach kurzer Zeit hebt sie den Kopf, schaut mich das erste Mal an und fragt: „Kann ich jetzt gehen?" Selbstverständlich kann sie gehen, das heißt in ihren Haftraum zurückkehren. Die Beamtin wird die Türe hinter ihr zusperren. Theresa verkriecht sich in ihren Haftraum. Wenn die Türe zu ist, kann niemand an sie heran. Nicht ich, nicht sonst jemand.

Jede Woche kommt Theresa in den Gottesdienst. Die Substitution beginnt zu wirken. Theresa, so scheint mir, ist nun klarer. Eines Tages bemerke ich, dass Theresa schwanger ist. Dieses Kind hat sie von draußen mitgebracht. Mit fortschreitender Schwangerschaft blüht Theresa auf. Die Haut wird rosig, die Augen strahlen. Den Kopf trägt sie nun hoch. Sie kann mir in die Augen sehen. Im Gottesdienst singt sie kräftig mit. Sie lächelt. Sie lacht. Eines Tages schiebt sie einen Kinderwagen in den Gottesdienstraum. Ein kleiner kaffeebrauner Bub schlummert friedlich. Theresa strahlt.

Diesmal will sie meinen Besuch. Sie will erzählen, reden von Frau zu Frau. Vorgestern sei das Kind gekommen. Eine Beamtin habe sie zur Entbindung begleitet. Die ganze Zeit wäre die Frau bei ihr geblieben. Sie habe sie unterstützt, ihr sehr geholfen. Es hätte lange gedauert, zu lange. Dass es so schwer sein kann, habe sie sich nicht vorgestellt. Aber sie hat es geschafft. Der Stolz auf ihre Leistung leuchtet aus allen Poren.

Dann erzählt sie von einer anderen Leistung. Sie wolle das Kind stillen. Das darf sie nur, wenn ihre Milch nicht drogenverseucht ist. Auch die Substitution ist eine Droge. Sie habe die Zeit der Schwangerschaft genützt. Seit mehreren Wochen komme sie ohne Substitution aus. Sie darf ihren kleinen Sohn bei sich behalten. Sie darf ihn stillen, allein für ihn sorgen.

Die Liebe zu dem Ungeborenen hat Theresa die Kraft gegeben, auf die Wohltaten von Methadon, Substitol oder eine andere Ersatzdroge zu verzichten. Eine Kraft, die sie im Leben „draußen" nicht aufgebracht hat.

Wie es nun weiter geht, frage ich sie. Sie hofft, bald in eine Wohngruppe für Mütter und Kinder zu kommen. Das wäre auch für den Kleinen eine passendere Umgebung. Und der Vater? Der Vater sitzt gerade – auch wegen Drogen – in einem anderen Gefängnis.

Bald nach unserem Gespräch kommt Theresa nicht mehr in den Gottesdienst. Sie wurde, wie sie gehofft hat, in ein Haus für Mütter und Kinder überstellt. Kein Gefängnis, sondern eine Wohngruppe ist das. Ob sie es schaffen wird? Ich wünsche es ihr und dem kleinen Buben, der schon vor seiner Geburt im Gefängnis ein kleines Wunder bei seiner Mama bewirkt hat.

Wenn Herr Fellner Besuch von seiner erwachsenen Tochter aus erster Ehe bekommt, ist er ein anderer Mensch. Ich sehe ihm an, dass er singen und tanzen möchte vor Freude, weil die junge Frau sich nicht schämt, ihren Vater an einem so verrufenen Ort aufzusuchen. Auch dem neuen Freund gegenüber steht die Tochter zu dem Mann, der nach der Scheidung vor zwei Jahrzehnten weiter als ihr Vater für sie da war.

Herr Fellner ist wieder verheiratet. Die Kinder aus der zweiten Ehe sind noch jung. Sie gehen in die Volksschule und sprechen vor allem Ungarisch, die Sprache der Mutter. Herr Fellner lebt mit seiner Familie in Westungarn, arbeitet aber in der Nähe der Grenze in Österreich. Seine Frau spricht perfekt deutsch. Herr Fellner hatte nie einen Grund, mehr als ein paar Alltagsfloskeln ihrer Sprache zu lernen.

der zellengenosse

er sei unerträglich,
der zellengenosse,
er scheppert, knallt und schnarcht
er mache alles absichtlich …
unerträglich sei er …

ich höre dem leidgeplagten zu.
als er sieht,
wie mein blick
auf das foto seiner tochter fällt,
weint er bitterlich.

Nach einigen Monaten Haft bemerkt Herr Fellner, dass seine Kinder langsam aber stetig Deutsch verlernen. Jetzt, wo der Vater nicht da ist, sprechen sie diese Sprache mit niemandem. „Wenn ich noch länger hier bin, kann ich mich nach der Haft gar nicht mehr mit meinen Kindern unterhalten", befürchtet er. Ich schlage ihm vor, die Zeit zu nützen und ein wenig tiefer in die ungarische Sprache einzudringen. Mit Erlaubnis des Stockchefs besorge ich ihm ein Lehrbuch. Herr Fellner ist ein eifriger Schüler. Bei meinen wöchentlichen Besuchen berichtet er, wie viele Kapitel er wieder geschafft hat. Zehn neue Vokabeln lernt er jeden Tag. Auf seiner Abteilung ist auch ein Ungar inhaftiert. Mit ihm versucht er zu sprechen. Der Mann ist geduldig und hilft ihm weiter, wenn das Buch allein zu wenig ist. Neulich sprach Herr Fellner am Telefon mit seinen Kindern ein paar Worte Ungarisch. Die Überraschung, die Freude war groß, erzählt er. Das spornt ihn an, seine Kenntnisse dieser für uns so schwierigen Sprache weiter zu vertiefen.

Als Karla inhaftiert wurde, lebten ihre Kinder in einem Internat in England. Dort sind sie immer noch. Die Tochter hat inzwischen die Schule abgeschlossen und Arbeit gefunden. Sie kümmert sich um den jüngeren Bruder. In den Ferien kommt er zu ihr. Seit über drei Jahren haben die beiden ihre Mutter nicht mehr gesehen. Das Geld ist knapp. Die Schule hat den Buben behalten, die Kosten für das Schulgeld streckt ein Sozialfonds vor. Eines Tages wird Karla das zurückzahlen müssen. Die Tochter kann das Flugticket für zwei Personen nicht finanzieren. Kleidung und andere Ausgaben für den Bruder belasten ihr Budget zu sehr. Die Lebenshaltungskosten in England sind hoch. So bleibt der alleinerziehenden Mutter nur das wöchentliche Telefongespräch nach England.

In Österreich sind rund 9000 Personen im Gefängnis. Diese Männer und Frauen sind Väter und Mütter von einer großen und wachsenden Zahl unmündiger Kinder. Ein Vater, eine Mutter kommen in der Regel ohne Vorwarnung in Haft. Der Betroffene kann den Partner, die Partnerin, Eltern oder Freunde von seiner Situation telefonisch verständigen lassen. Diese haben die Möglichkeit, Kleidungsstücke und andere wichtige persönliche Dinge in der Haftanstalt abzugeben.

Was aber sollen die Erwachsenen den Kindern sagen? Diese Frage beschäftigt vor allem Gefangene, die länger in Untersuchungshaft bleiben müssen. Eine dreitägige Abwesenheit ist leicht zu erklären. Bei drei Wochen, drei Monaten, drei Jahren, wie im Fall von Karla, wird auch das leichtgläubigste Kind merken, dass die Geschichte von der Dienstreise, dem Kuraufenthalt, dem Einsatz auf einem anderen Kontinent unglaubwürdig ist.

Eltern schämen sich naturgemäß vor ihren Kindern, wenn sie im Gefängnis sind. Sie befürchten, dass ihre Kinder sie nun für schlechte Menschen halten. Sie meinen, ihre Kinder würden in Zukunft keinen Respekt mehr vor ihnen haben, sondern sie verachten. Sie haben auch Angst, dass die Kinder die peinliche Tatsache der Inhaftierung weiter erzählen. Schulfreunde, Spielgefährten und deren Eltern würden dann auch davon erfahren. So versuchen viele Familien rund um die Kinder eine heile Welt künstlich aufrecht zu erhalten, in einer ganz und gar unheilen Situation.

Herr Nuri hat zwei Kinder. Der Sohn geht schon in die Schule. Die Tochter besucht neuerdings den Kindergarten. Regelmäßig telefoniert der Vater mit den beiden aus dem „Ausland“, wo er angeblich von seiner Firma hingeschickt wurde. Leider verzögert sich die Sache. Leider ist die Arbeit so dringend, dass er nun schon ein ganzes Jahr keinen Urlaub und keine Gelegenheit zu einem kurzen Besuch bekommen hat. Herr Nuri und seine Frau spielen das Spiel auf perfekte Weise. Sie finden trotz intensiver Gespräche nicht den Mut, den Kindern die Wahrheit zu sagen. Das Versteckspiel kostet viel Kraft. Die Angst, dass die Fassade nicht hält, begleitet Mutter und Vater bis in ihre Träume. Herr Nuri hat große Sehnsucht nach seinen Kindern. Immer wieder weint er, wenn wir von ihnen sprechen. Die Besuchsregelung erlaubt Familien sogenannte Tischbesuche. Da können Eltern und Kinder eine Stunde gemeinsam verbringen, ohne die trennende Glasscheibe, die bei normalen Besuchen den Kontakt erschwert. Dazu müssten die Kinder aber erst erfahren, wo ihr Vater wirklich ist. Ich habe mit beiden Eltern geredet. Ich habe ihnen erzählt, wie sehr ihre Kinder darunter leiden, nicht mit einbezogen zu werden. Einmal neigt die Mutter dazu, ihren Kindern die Wahrheit zu sagen. Dann hat der Vater Angst davor. Wenn der Vater sich durchringt und ja sagt zur Wahrheit, zögert die Mutter. Ich lasse ihnen Zeit. Ermutige sie. Und hoffe, dass sie eines Tages gemeinsam den Schritt wagen. Nach meiner Erfahrung belastet ein gutgehütetes Familiengeheimnis Kinder mehr, als die noch so harte Wahrheit.

Lange bevor ich begonnen hatte, in der Gefängnisseelsorge mitzuarbeiten, nahm Matthias Geist die Schwierigkeiten und Fragen inhaftierter Eltern wahr. Er durchforstete den Buchmarkt nach passenden und hilfreichen Kinderbüchern. Das letzte Buch zum Thema war im deutschen Sprachraum in den 1970er Jahren erschienen. 1990 wurde es neu aufgelegt, war aber hoffnungslos veraltet. Man spürt auf jeder Seite, dass die hier geschilderte Kinderwelt der heutigen nicht mehr entspricht. So bat er mich, ein Buch für Kinder inhaftierter Eltern zu schreiben. Matthias lieferte mir zwei anonymisierte Fallbeispiele. Eines betraf einen Vater. Das andere handelte von einer alleinerziehenden Mutter.

Mit diesem Material ausgerüstet, schrieb ich eine Fantasie-Geschichte. Ein Kinderbuch, das heutige Kinder ansprechen sollte, die doch in einer ganz anderen (Buch)-Welt leben als die Kinder der 1970er Jahre. Matthias vervollständigte das Buch durch einen Serviceteil, in dem er pädagogische Hinweise gab, wie der Elternteil in Freiheit den Kindern die traurige Wahrheit behutsam vermitteln könne. Weiters enthält dieser Anhang Adressen von unterstützenden Stellen und Organisationen im gesamten deutschen Sprachraum. Das Buch trägt den Titel „Reite den Drachen“.

Wir hatten als Zielgruppe die Familien der Gefangenen und eventuelle sonstige Bezugspersonen im Auge gehabt. Auch der langjährige und erfahrene Gefängnisseelsorger Matthias Geist war über die Wirkung des Buches auf die inhaftierten Väter und Mütter selber überrascht. Sie schlagen sich mit der Frage herum: „Soll ich meinen Kindern die Wahrheit zumuten?“ Das Buch hilft ihnen, die Situation aus der Sicht der Kinder wahr zu nehmen, ihre Ängste, ihre Bedürfnisse kennen zu lernen. Viele haben sich, nachdem sie dieses Kinderbuch gelesen hatten, entschieden, ihren Kindern die Wahrheit zu sagen, denn Kinder vertragen die Wahrheit.

„ich bin ein schlechter vater"

immer wieder:
„ich bin ein schlechter vater"
er weint.
weint um seine frau
seine kinder.
weit weg.

ob er ein foto habe?
er zeigt es:
die zwei älteren, sieben und sechs
einer mit vier und zahnlücke.
die kleine tochter,
in den armen seiner frau,
habe er noch nie gesehen
„das sind sie –
man hasst uns überall, uns zigeuner"

„ich bin ein schlechter vater
kann nicht für sie sorgen
hab' nur betteln gelernt
und stehlen.
ich kann nichts.
ich bin ein schlechter vater"
– und weint um seine kinder.

Einer von denen, die sich lange nicht sicher waren, ob sie den Kindern die Wahrheit sagen sollten, war Herr Fellner. Immer wieder war er beruflich für einige Zeit von zu Hause fort gewesen. Seine Kinder, mit denen er in Ungarn lebte, würden erst einmal nichts Merkwürdiges wahrnehmen. Anders als bei Dienstreisen wusste Herr Fellner aber nicht, wie lange seine Abwesenheit dauern würde. Verabschiedet hatte er sich auch nicht. Matthias Geist brachte ihm das Bilderbuch. Herr Fellner las es. Herr Fellner entschied sich dafür, seinen Kindern zu sagen, wo er sich auf unbestimmte Zeit – er ist ja in Untersuchungshaft – befindet. Das gibt ihm die Möglichkeit, jede Woche mit ihnen zu telefonieren und ihnen aus dem Gefängnis Briefe zu schreiben. Die beiden reagierten sehr unterschiedlich auf die Situation. Während sich die Tochter bereits den Tag der Rückkehr des Vaters ausmalt, überlegt, wie sie dann feiern werden und was sie gemeinsam unternehmen wollen, fragte der Sohn neulich: „Papa, was hast du denn gemacht, dass du so lange im Gefängnis sein musst?"

Herr Fellner war überrascht über diese Frage, empfand sie dann aber als großen Vertrauensbeweis. Der Sohn fragt nicht irgendjemanden, er stellt dem Vater direkt die Frage, die ihn umtreibt und ständig beschäftigt.

Herrn Lobmeyers Kinder sind erwachsen. Sie unterstützen die Mutter und begleiten sie zuweilen auf der langen Fahrt nach Wien, um den Vater zu besuchen. Die Enkelkinder hingegen wissen nicht, wohin der Opa auf einmal verschwunden ist. „Nein, die Kinder sollen das nicht wissen", beteuert Herr Lobmeyer immer wieder. „Sie sollen nicht damit belastet werden." Ich frage ihn: „Meinen Sie wirklich, dass eine Dreizehnjährige sich keine Gedanken macht? Glauben Sie wirklich, dass eine Zehnjährige nicht mitbekommt, dass hier irgendetwas ganz und gar nicht stimmt?" Herr Lobmeyer schweigt und schüttelt den Kopf. Ich stelle die gleiche Frage auch seiner Frau, ermutige sie, die Kinder und ihr Bedürfnis nach Wahrheit ernst zu nehmen. Dann lasse ich das Thema. Ich habe alles gesagt, was zu sagen war. Der Rest liegt nicht in meiner Hand.

Gefangene waren Kinder oder: Erschütternde Lebensgeschichten

Wenn ich einen Menschen in Haft über einen längeren Zeitraum begleite, erzählt er eines Tages auch von seiner Kindheit. Viele meiner Gesprächspartner sind in Heimen groß geworden oder hatten Eltern, die selber zu schwach und zu hilfsbedürftig waren, um ihre Kinder zu starken Menschen zu erziehen. Viele Gefangene kommen aus Familien mit geringem Bildungsstand, Alkohol- oder Drogenmissbrauch und Gewalt. Eine große Gruppe wurde als Kind misshandelt.

Viele hängen mit Innigkeit an ihren Müttern, die für die Gefangenen oft die einzigen sind, zu denen sie eine dauernde Beziehung haben.

Neben seiner Tat und der Frage nach dem Warum beschäftigt Herrn Langmann vor allem das Verhältnis zu seiner Mutter. Immer wieder erzählt er, wie es sich angefühlt hat, wenn seine Mutter betrunken war. Beschimpft habe sie ihn dann immer, zuweilen auch geschlagen. Immer und überall sei er im Weg gewesen. Immer wieder habe sie gesagt, dass sie gar nicht will, dass er auf der Welt ist.

Zu Beginn unserer Gespräche versucht Herr Langmann seine Neigung, immer wieder auszuzucken und unkontrolliert zuzuschlagen, mit seiner Kindheit, mit dem Versagen seiner Mutter zu begründen und damit zu entschuldigen.

Er kommt damit bei mir nicht weit. Denn nicht jedes Kind aus zerrütteten Verhältnissen muss zwangsläufig zum Schläger oder Mörder werden. Meine Reaktion auf Herrn Langmanns Versuche, die Schuld an seinem aufbrausenden, unkontrollierbaren Wesen auf seine Mutter zu schieben, fällt entsprechend hart aus: „Wir alle haben eine Kindheit gehabt. Aber jetzt, als Erwachsene haben wir, und sonst niemand, die Verantwortung für das, was wir tun", sage ich ihm immer wieder. Dann erzähle ich ihm, welche Gefühle ich bei dem kleinen Nikolaus, der er damals war, vermute. Ich beschreibe ihm die Ängste, die Sehnsucht, die Hoffnung, dass doch einmal alles gut wird. Die Enttäuschung, die der nächste Rausch der Mutter auslöst. Die Unsicherheit, weil es keine Klarheit, keine vorhersehbare Reaktion gibt. Sondern je nach Promillegehalt, fällt die Reaktion auf etwas, was das Kind sagt oder tut, völlig unterschiedlich aus. Herr Langmann hört zu. Er nickt. Er staunt: „Woher wissen Sie das? Ja, genauso ist es gewesen." Herr Langmann verzichtet in der Folge, seiner Mutter die Schuld an seinem „verpfuschten Leben", wie er es nennt, zu geben. Immer wieder aber trauert er um den kleinen Buben, der er einmal war, dessen Sehnsucht nach Liebe und Geborgenheit unerfüllt geblieben ist.

Herr Langmanns Mutter hält nun, da er zum wiederholten Mal im Gefängnis ist, treu zu ihrem Sohn. Sie besucht ihn regelmäßig. Sie telefoniert mit ihm. Sie bezahlt seinen Anwalt. Er ist hin und her gerissen zwischen Hass und Liebe, wie er selber sagt. Dem kann ich nichts hinzufügen.

Herr Fellner schaut auf eine Kindheit inmitten einer großen Geschwisterschar zurück. Alle haben studiert. Nur er hat beruflich einen anderen Weg beschritten. Von seinen verstorbenen Eltern spricht er mit großer Wärme und Achtung. Zu manchen seiner Geschwister hat er guten Kontakt. Zu anderen ist die Beziehung distanzierter. Nicht alle haben ihm bis heute ins Gefängnis geschrieben oder ihn besucht. Das kränkt auch jemanden, der so stark und so diszipliniert ist, wie Herr Fellner.

Langsam, als das Vertrauen zwischen uns wuchs, erzählte Herr Moser, wegen Bankraubes in Haft: Im Alter von fünf Jahren hat das Jugendamt ihn seinen Eltern weggenommen. Zweimal hatte der Vater versucht, ihn zu ertränken. Die überforderte Mutter hatte den kleinen Bernhard verwahrlosen lassen. Hungrig sei er oft gewesen und hätte nichts zu essen bekommen.

Dennoch erlebte er die unangekündigte und unvorbereitete Trennung von der Mutter als großen Schock. Mehrere Heime nahmen ihn auf und schickten ihn wieder weiter. Schließlich fand er einen guten Platz bei einer Kinderdorfmutter. Mit großer Wärme erzählte er immer wieder von Tante Ines. Sie war es, die die Begabung des kleinen Bernhard erkannte und ihn gegen die Widerstände der Instanzen ins Gymnasium schickte. Tante Ines war überzeugt, dass Bernhard es schaffen würde. Tante Ines hatte Recht.

totengedenken

zu allerheiligen besuchte ich ihn in seinem
haftraum.
er war sehr niedergeschlagen, starrte auf
den tisch.
sieben sei er gewesen
als seine eltern bei einem autounfall
ums leben kamen.
er habe als einziger überlebt und mit ansehen
müssen,
wie vater und mutter verbluteten.
zu einer ziehmutter sei er dann gekommen.
und später in eine rockerbande.

diese geschichte stimmt nicht
sondern:
seine mutter wurde ausfindig gemacht.
sie ist im letzten sommer gestorben.
ihr mann darf nicht wissen, dass es ihn gibt.
die mutter nimmt ihn als geheimnis mit
ins grab.

Bernhard entwickelte sich zu einem hervorragenden Schüler und machte die Matura mit Auszeichnung. Ein Streber sei er gewesen, sagt er von sich.

In der Klasse hatte er keine Freunde. Den Status „Heimkind“ empfand er als stigmatisierend. Niemand habe ihn je zu sich nach Hause eingeladen. Die Feste und Partys der Klassenkameraden fanden ohne ihn statt. Herr Moser erzählt das alles mit viel Distanz, beinahe emotionslos. Zum Schluss sagt er: „Aber das entschuldigt nichts. Die Verantwortung für mein Leben und meine Taten habe ich.“

Mit Frau Zano aus Ostasien sprach ich ausschließlich Englisch. Sie teilte mit einer Frau aus Osteuropa den Haftraum und hatte dadurch keine Chance, auch nur ein Wort Deutsch zu lernen. Das verschärfte ihre Isolation erheblich, denn ihre Zellengenossin konnte nicht Englisch. Die eine oder die andere Beamtin bemühte sich, Frau Zano mit mehr oder weniger gutem Englisch anzusprechen. Viele aber gaben ihre Anweisungen auf Deutsch, sodass die Sprachunkundige sehr oft verwirrt und unsicher zurück blieb. Auch die Anklageschrift erhielt Frau Zano auf Deutsch. Ich übersetzte sie ihr ins Englische und wurde nach und nach die Ansprechperson für alles, was Frau Zano bewegte. Sehr bald fragte sie mich, ob sie „Mother“ zu mir sagen dürfe, denn sie vertraue mir, wie sie ihrer Mutter vertraute. Ich wurde für Frau Zano eine Art Familienersatz. Das war deshalb weiter nicht schwierig, weil sie mir dieselben Respektbekundungen entgegenbrachte wie ihren Eltern. Bei meinen Besuchen nahm sie erst auf dem Sessel mir gegenüber Platz, nachdem ich mich gesetzt hatte und sie direkt aufforderte, sich auch zu setzen. Beim ersten Mal wusste ich noch nichts von dieser für Frau Zano normalen Geste der Höflichkeit und wunderte mich, warum sie sich nicht setzte. Dann übernahm ich bewusst die Rolle der „Mother“ und machte das Ritual mit, das ihr ein Stück Heimat gab.

Alternativen zur Haft oder:
Vom Boulevard verteufelt

Versöhnung zwischen Täter und Opfer und Gesellschaft kann nicht mit einem Schlag geschehen. Es handelt sich vielmehr um einen Prozess. Das aber verlangt von allen Beteiligten, dass sie sich verändern, entwickeln. Sie müssen aus der ihnen zugedachten Rolle – hier Täter, da Opfer – heraussteigen und sich selber neu positionieren. Die Gesellschaft kann dabei fördernd oder hindernd wirken. Mir scheint, dass diese Tatsache weithin nicht im Bewusstsein der Öffentlichkeit angekommen ist.

Ich beobachte, dass Maßnahmen zur Wiedereingliederung des Täters vom Boulevard häufig als ungerechtfertigte Vergünstigung und als Angriff auf das Opfer abgelehnt werden.

Herr Thoman ist ein verurteilter Sexualstraftäter. Bei seiner Berufungsverhandlung am Oberlandesgericht Wien war ich anwesend. Wie fast alle Gerichtsverhandlungen war auch diese öffentlich. Bei dieser Verhandlung wurde das durch das Erstgericht verhängte Strafausmaß für Herrn Thoman herabgesetzt, weil dem Opfer keine körperliche Gewalt angetan worden war. Die Einweisung in eine Anstalt für „geistig abnorme Rechtsbrecher" begründete die Richterin aber damit, dass Herr Thoman bei seiner Hauptverhandlung keinerlei Einsicht in sein Fehlverhalten gezeigt habe. Zu dieser Einsicht würde er hoffentlich durch die intensivere Betreuung in einer dafür vorgesehenen Einrichtung finden.

Kurz nach der Urteilsverkündung besuchte ich Herrn Thoman. Zum ersten Mal fand er verschämte Worte für seine Tat. Er konnte mir dabei nicht in die Augen sehen. Die Frage, ob seinem Opfer vielleicht mit einer Begegnung, oder mit einer Entschuldigung geholfen wäre, kommt weder der Richterin noch dem Täter in den Sinn.

Herr Thoman hat seinem minderjährigen Opfer keine Gewalt angetan. Dennoch sagte ich ihm, als er mir von seinem Delikt erzählte: „Als Mutter oder Großmutter dieses Kindes hätte ich Sie in der Luft zerrissen." Ich will ihm damit deutlich machen, dass ich die Hilflosigkeit und die Wut der Familien verstehe. Trotzdem gilt es, auch bei Sexualstraftaten zu differenzieren. Dr. Klaus Schwaighofer, Univ.-Prof. am Institut für Strafrecht, Strafprozessrecht und Kriminologie an der Leopold-Franzens-Universität in Innsbruck bringt es auf den Punkt: „Eine Gesellschaft, die hier nicht differenziert, in ihren Affekten die *Rachekeule* schwingt, nimmt auch das Leid von Opfern schwerer sexueller Gewalt nicht ernst. Wenn alles gleich viel wiegt, banalisiert das die schweren Taten."

Jedes Opfer hat andere Bedürfnisse, jedem Opfer helfen andere Maßnahmen, mit dem Geschehenen so umzugehen, dass es das zukünftige Leben möglichst wenig beeinträchtigt. Jede Tat braucht individuelle Zugänge. Allgemeine Regelungen und festgeschriebene Verfahren werden wohl weder dem Täter noch dem Opfer gerecht. Das erste und höchste Ziel für alle Beteiligten und die Gesellschaft ist meines Erachtens das Wiederherstellen des sozialen Friedens, der durch die Tat gestört oder gar zerstört wurde. Wie sich das anfühlt, wie man lebt, wenn Täter und Opfer Nachbarn sind und einander jahrelang krampfhaft aus dem Weg gehen, kann ich mir vorstellen. Das bringt eine nie enden wollende Spannung und einen Druck ins Leben, den niemand wirklich als Lösung anstreben kann. Die Bestrafung des Täters kann nur ein Teil der nötigen Maßnahmen sein. Steht sie allein und bleibt für sich, wird Befreiung von der Vergangenheit und Befriedung der Gegenwart nur schwer stattfinden.

In der Verhandlung gegen Herrn Langmann musste dieser den Gerichtssaal verlassen, bevor sein Opfer, der Mann, den er bei der Wirtshausrauferei verletzt hatte, eintrat. Dies verlangte die Anwältin des Zeugen mit dem Hinweis, ihr Mandant stünde noch unter Schock. Neun Monate waren seit der Tat vergangen. Ein Gutachter hatte die Verletzungen des Mannes als „leicht" eingestuft.

Die Begegnung zwischen Täter und Opfer zu verhindern, scheint mir wenig zielführend zu sein, wenn es darum geht, den Täter mit seiner Tat zu konfrontieren. Es ist viel leichter, die Schmerzen, die Traurigkeit, den Schock des Opfers auszublenden, wenn dieses unsichtbar bleibt. Zur Einsicht des „Unwertes der Tat", wie eines der Ziele des Strafvollzugs im Gesetz so schön formuliert ist, kommt ein Täter dann wohl schwerer.

So verlief es auch bei Herrn Langmann. Da sein Kontrahent sich ja kräftig gewehrt hatte, er selber auch leichte Verletzungen davongetragen hatte, entwickelte er einen grimmigen Hass gegen seinen Bekannten. Dieser hatte als Unbescholtener bei Gericht den weitaus besseren Stand. Seinen Aussagen glaubte das Schöffengericht. Herr Langmann, schon mehrfach wegen solcher Raufhändel verurteilt, gewann den Eindruck, dass ihm niemand auch nur zuhörte. So fiel es ihm lange Zeit schwer, in unseren Gesprächen zu akzeptieren, wenn ich ihn „Täter" und den anderen „Opfer" nannte. Die unmittelbare Begegnung unter fachkundiger Begleitung hätte hier vielleicht einen Entwicklungsprozess bei Herrn Langmann in Gang gesetzt.

Was die Begegnung mit seinen bis dahin gar nicht wahr genommenen Opfern seiner Bankraube für ihn bedeutet, hat Herr Moser bewegt erzählt: Zur Verhandlung gegen Herrn Moser waren alle Angestellten aller Bankfilialen geladen, die Herr Moser überfallen hatte.

Der Eindruck dieser vielen Menschen, ihre Berichte, wie sie die Überfälle erlebt hatten, wie sie Todesängste ausgestanden und lange danach unter Angstzuständen und Schlafstörungen gelitten hatten, erschütterte Herrn Moser. Ich lernte ihn erst nach seiner Hauptverhandlung kennen. Immer wieder sagte er, dass es ihm unendlich leid täte, was er diesen Menschen angetan habe. Einzelne Personen, die er während der Tat gar nicht wahrgenommen hatte, beeindruckten ihn tief. Für immer stünde er in ihrer Schuld. Das geraubte Geld empfindet er nach wie vor weniger als Schuld. Er habe es einer anonymen Institution weggenommen, die ja auch mit unsauberen Mitteln arbeitet. Zudem habe er seine Beute gleich nach der Verhaftung rückerstattet. Aber Menschen in die Berufsunfähigkeit zu treiben, ist für ihn, den Ehrgeizigen und Strebsamen eine unverzeihliche Sünde. Gerne würde er mit seinen Opfern ins Gespräch kommen, denn während der Verhandlung gab es nur Blickkontakt. Diese Blicke verfolgen ihn heute noch. Zu einem unmittelbaren persönlichen Kontakt mit den Opfern kam es nicht. Das sieht die Strafprozessordnung nicht vor.

Im so genannten außergerichtlichen Tatausgleich begegnen einander Täter und Opfer. Mit der Möglichkeit zum Tatausgleich (Mediation im Strafrecht) verfügt die Justiz über ein Instrument, ein Strafverfahren diversionell – das heißt ohne Durchführung einer regulären Gerichtsverhandlung – zu erledigen. Das Angebot zur Mediation im Strafrecht ist freiwillig und kann nur nach ausdrücklicher Zustimmung des Opfers angewandt werden.

Das Wesen des Tatausgleichs ist in erster Linie auf ein persönliches Opfer ausgerichtet, da das Aussprechen der emotionalen Betroffenheit des Opfers im Vordergrund steht.

Zugewiesen werden von der Staatsanwaltschaft und den Gerichten Anzeigen mit leichter bis mittelschwerer Schuld, insbesondere leichte und – das mag erstaunen – auch schwere Köperverletzung, Sachbeschädigung und sonstige Eigentumsdelikte. Der Unterschied zu einer Gerichtsverhandlung, an deren Ende das Urteil über den Täter steht, zeigt sich bereits in der Begrifflichkeit. Nicht ein Täter, sondern ein Beschuldigter sitzt dem Opfer gegenüber. Als Täter kann nur jemand bezeichnet werden, der von einem Gericht rechtskräftig verurteilt wurde. Es geht in der Mediation im Strafrecht darum, dass jemand zu seiner Schuld steht und das gegenüber dem Opfer zum Ausdruck bringt. Der außergerichtliche Tatausgleich versöhnt Beschuldigte und Opfer.

Die Konfliktfälle im Tatausgleich kommen aus allen Bereichen: Nicht schwerwiegende Fälle von Gewalt in der Partnerschaft und in der Familie, Arbeitsplatzkonflikte, Schulkonflikte, Konflikte unter Bekannten, Nachbarschaftskonflikte und auch situative Konflikte im Straßenverkehr oder Wirtshausraufereien.

Im Gegensatz zur Diversion treten Opfer bei einer Gerichtsverhandlung lediglich als Zeugen auf. In dieser Rolle müssen sie möglichst objektiv berichten. Der Rechtsanwalt des Beschuldigten kann ein Opfer auch ins Kreuzverhör nehmen, was häufig auch eine sekundäre Traumatisierung auslösen kann. Ein Gefühl von Einsamkeit bleibt zurück. Der Eindruck entsteht, dass das Gericht den Opfer-Erlebnissen wenig Glauben schenken möchte. Vor Gericht gibt es zudem für Wut, Ärger, Rachephantasien, Zorn des Opfers kaum Platz. Mit diesen Gefühlen lebt das Opfer aber seit der Tat.

Der Gesprächsrahmen im Tatausgleich bietet einem Opfer die Möglichkeit, an einem restaurativen Prozess teilzuhaben, wobei in erster Linie die emotionale Ebene ausgesprochen werden soll. Der besonders geschulte Mediator hat die Chance, das Opfer gerade dort abzuholen, wo es die schlimmste Betroffenheit erlebt hat. Er nimmt sowohl die Verletzung des Körpers als auch das, was „im Herz weh tut", ernst.

Der private Verein Neustart ist im Auftrag der Republik Österreich für den außergerichtlichen Tatausgleich verantwortlich. Für Haftentlassene stellt er die Bewährungshilfe. Er betreut Verurteilte im elektronisch überwachten Hausarrest (Fußfessel) und ist auch für Verbrechensopferhilfe zuständig. Einrichtungen von „Neustart" gibt es in allen Bundesländern. Übereinstimmend berichten die Mitarbeiter von Neustart, dass viele Opfer durchaus interessiert sind, dem Täter, der Täterin zu begegnen, was auch durch Studien über Opferinteressen im Strafprozess bestätigt wurde. Der Prozess des Tatausgleichs verlangt freilich vom Opfer, dass es seine Rachegelüste überwindet.

Nach Prof. Alois Birklbauer von der Johannes Kepler Universität in Linz stehen bei den Opfern aber gewöhnlich ganz andere Bedürfnisse im Vordergrund. Das Opfer will in einem Verfahren ernst genommen werden. Das Opfer will mitunter einen Schuldspruch, aber ob jetzt der Beschuldigte ein, zwei oder drei Jahre Freiheitsstrafe bekommt, ist dem Opfer relativ gleichgültig. Die Wiedergutmachung ist für das Opfer hergestellt, wenn der Beschuldigte schuldig gesprochen wird, oder in der Mediation die Verantwortung für seine Tat übernimmt. Opfer sind also viel weniger strafwütig als gemeinhin behauptet wird. Sie werden eher von den Medien dazu missbraucht, unter dem Stichwort „Opfer" ein Rachebedürfnis in der Gesellschaft zu schüren.

Wenn Beschuldigter und Opfer einander vor der Tat nicht gekannt haben, sitzen sie bei der so genannten „Tandem-Methode" gemeinsam an einem Tisch. Es geschieht eine Begegnung im geschützten Raum. Der Mediator des Vereins Neustart spricht nun ca. eine halbe Stunde mit dem Opfer. Der Beschuldigte bekommt die Aufgabe, lediglich zuzuhören, und sich nicht in das Gespräch einzumischen. Danach kann auch der Beschuldigte eine halbe Stunde seine Sicht erzählen. Das Opfer hört nun zu, wie die Sicht der anderen Seite erzählt wird. Das Ziel dieser Methode ist einleuchtend. Jede Partei versetzt sich kurz in die Lage der anderen.

Wenn Beschuldigter und Opfer einander vor der Tat bereits gekannt haben, arbeiten die Mediatoren von Neustart in Co-Mediation zu zweit. Jeder Mediator führt mit jedem der beiden Klienten ein Vorgespräch, um die Bereitschaft für ein gemeinsames Zusammenkommen zu erörtern. In den meisten Fällen erklären sich die Opfer für so ein gemeinsames Ausgleichsgespräch bereit.

Anders als viele meinen, bewirkt die Begegnung mit dem Beschuldigten beim Opfer keinen Schock oder andere unerwünschte Wirkungen. Laut Georg Wieländer, einem langjährigen Mitarbeiter von Neustart, kann sich das Opfer beruhigen, wenn der Eindruck gewonnen wird, hier sitzt ein Mensch, der einsieht, was er falsch gemacht hat, und kein Ungeheuer. Das Opfer soll durch den Tatausgleich befähigt werden, aus seiner Opfer-Rolle heraus zu treten und den Mut und die Kraft bekommen, den Vorfall hinter sich zu lassen.

Neustart kann auf eine beeindruckende Statistik verweisen: Im Jahr 2011 nahmen österreichweit 16 387 Menschen am Tatausgleich teil. 9434 Beschuldigte und 6953 Opfer. Bei 85,22 Prozent der teilnehmenden Jugendlichen und bei 68,85 Prozent der Erwachsenen kam es zu keinem Rückfall. Das sind Erfolgsquoten, von denen der normale Strafvollzug nur träumen kann.

Das Ziel aller Bemühungen um das Opfer ist es, ihm aus der Opferrolle heraus zu helfen. Jedes Opfer findet eigene Wege, das Leben nach der Tat zu leben. Ich beobachte, dass die Gesellschaft von Verbrechensopfern ein ganz bestimmtes Verhalten erwartet und manchmal auch fordert. Wer dem nicht entspricht, sich weder verschüchtert zeigt und sich nicht klein macht, bekommt die Empörung derer zu spüren, die das alles nicht erlebt haben.

Laut Bericht der „Kleinen Zeitung“ werden zumindest in Kärnten die außergerichtlichen Tatausgleiche seltener. Im Jahr 2007 hat „Neustart“ noch 619 Kärntner zu einem „außergerichtlichen Tatausgleich“ verholfen. 2011 waren es nur 443. Trotz des eindeutigen Erfolgs gibt es sinkende Zahlen der Zuweisung. Im Jahr 2012 gab es im ersten Quartal bereits einen Rückgang von knapp 40 Prozent. Ein herber Verlust für jeden, der Opfer einer kriminellen Handlung geworden ist. Denn anders als in vielen Medien dargestellt, erspart der Tatausgleich nicht nur dem Beschuldigten die Gerichtsstrafe, er verhilft vor allem auch dem Opfer zu einem neuen Leben nach der Tat, befreit von den unangenehmen und bis dato unausgesprochenen Gefühlen, die einfach noch immer auf der Seele lasteten.

totenstille menschlichen abgrunds

worte der täter
mögen um die opfer kreisen

erklärend
verleugnend
bestürzt
bedauernd
eine liebeserklärung
ein werk aus bronze sogar

immer aber:
die totenstille
menschlichen abgrunds

Dem Beschuldigten wird zudem die Möglichkeit gegeben, den angerichteten Schaden ohne mühsames Zivilverfahren wieder gut zu machen.

Auch diese Seite der Beschuldigten wird gekonnt verschwiegen: Viele wollen nach Kräften wieder gut machen, was sie angerichtet haben. Meist wissen sie nicht so recht, wie sie es anstellen sollen. Und oft bekommen sie gar keine Möglichkeit dazu.

Der elektronisch überwachte Hausarrest, vulgo „Fußfessel", hilft nach Meinung aller Experten, die Haftschäden zu reduzieren. Der Verurteilte behält seinen Arbeitsplatz. Er bleibt in der Familie. Die Chancen, dass er nach Verbüßen der Strafe weiter integriert ist, steigen. Er wird engmaschig überwacht und muss über jeden Schritt Rechenschaft abgeben. Auch mitten in der Nacht kann ein Kontrollanruf kommen. Ständig lebt er mit der Uhr, weil die Zeiten für Arbeit, Einkaufen, Erledigung persönlicher Dinge (Zahnarzt, Anwalt etc.) minutengenau geplant sind. Übertretungen würden ihn sofort wieder ins Gefängnis zurück bringen. Steckt die U-Bahn fest, sodass er nicht zum vorgesehenen Zeitpunkt am vorgesehenen Ort eintreffen wird, muss er eine Notrufnummer benachrichtigen. Die dort Zuständigen überprüfen die Angaben und geben neue Anweisungen.

Der Vorzug der Fußfessel gegenüber dem Gefängnis liegt auf der Hand. In Haft werden die Menschen entmündigt und abgestumpft. Mit der Fußfessel übernehmen sie Verantwortung für jede Minute ihres Tages und auch für die Nacht. Wach und aufmerksam müssen sie mit sich umgehen, um die Auflagen erfüllen zu können.

Der Maßnahmenvollzug oder:
Was ist „geistig abnorm"?

Immer öfter berichten die Medien, dass ein Angeklagter zu einer Haftstrafe plus „Unterbringung in einer Anstalt für „geistig abnorme Rechtsbrecher" verurteilt wurde. Es handelt sich um den sogenannten „Maßnahmenvollzug". Dieser wird verhängt, wenn zu befürchten ist, dass ein Mensch „unter dem Einfluss seiner geistigen oder seelischen Abartigkeit eine mit Strafe bedrohte Handlung mit schweren Folgen begehen werde"[45]. Im Jahr 2011 befand sich jeder zehnte Häftling im sogenannten Maßnahmenvollzug. Die Zahl der „Eingewiesenen" steigt stetig.[46]

Wer zur „Maßnahme" nach §21.2 StGB verurteilt wird, kann nicht mit seiner Entlassung am Ende der verhängten Strafe rechnen. Er oder sie bleibt weiter in Haft, bis ein Gutachten bestätigt, dass er nun gewiss nicht mehr rückfällig wird und ganz und gar nicht „gefährlich" oder „abartig" ist. Das ist für jeden Gutachter ein riskantes Unternehmen. Wer kann schon zu hundert Prozent voraus sagen, wie ein Mensch in allen möglichen Situationen, unter allen denkbaren Einflüssen in Zukunft bis zu seinem Lebensende reagieren wird?

So kommt es dann zu kuriosen Formulierungen und Festlegungen. Am 22. 11. 2012 berichtet die „Wiener Zeitung" vom psychiatrischen Gutachten über eine spanische Eissalon-Besitzerin, die wegen Mordes an zwei Männern zu lebenslanger Haft plus „Maßnahme" verurteilt wurde: „Die statistische Wahrscheinlichkeit, dass die Angeklagte in den nächsten zehn Jahren neuerlich eine Straftat mit schweren Folgen begehen würde, liege bei 31 Prozent", erklärte die renommierte Gutachterin Dr. Adelheid Kastner vor Gericht. Bei allem Respekt vor Frau Dr. Kastner, die eine Kapazität auf ihrem Gebiet ist, und ihr Gutachten gewiss nach bestem Wissen und Gewissen erstellt hat: Wieso ist es gerade zu 31 Prozent wahrscheinlich, dass die Spanierin wieder morden wird? Wieso nicht zu 32 oder zu 29 Prozent? Als unbedarfte Laiin, die auch ein wenig Statistik während des Studiums der Rechentechnik an der TU Wien gelernt hat, erscheinen mir die 31 Prozent gar nicht so schlimm. Betrachtet man es von der anderen Seite, wird die Frau nach Einschätzung des Gutachtens zu 69 Prozent nicht mehr rückfällig.

Für mich zeigt sich hier deutlich, wie unmöglich solche sogenannten wissenschaftlich zahlenmäßigen Erfassungen zukünftigen menschlichen Verhaltens sind. Niemand kann die Entwicklung eines Menschen über Jahre voraus sagen. Denn diese hängt ja nicht zuletzt von den Bedingungen ab, unter denen er oder sie „untergebracht", also inhaftiert ist. Mag. Heinz Patzelt, Generalsekretär von Amnesty International Österreich, meint in einem Interview zum Thema: „Eine Messung nach Prozent ist nicht möglich. Eine faire Subjektivität, die nach menschenrechtlichen Prinzipien urteilt, wäre wünschenswert."[47]

„Sind wir noch normal, sind wir noch zu retten?", mit dieser Frage beginnt Christoph Bauer im Jahr 2006 sein Tagebuch. Seit mehreren Jahren wird der Mann in der Anstalt für „geistig abnorme Rechtsbrecher" am Mittersteig in Wien angehalten. Auf unbestimmte Zeit. Seine neunmonatige Haftstrafe wegen Körperverletzung hat er längst verbüßt.

Herr Bauer schreibt nicht nur ein Tagebuch. Er schreibt auch einen Brief an die Evangelische Pfarrgemeinde Wien-Landstraße, wo ich vor meiner Pensionierung Gemeindepfarrerin war. „Sehr geehrter Herr Pfarrer, ich bin im Gefängnis und habe keine Angehörigen in Wien. Ich stamme aus ... Ich würde mich sehr über einen Besuch von jemandem aus Ihrer Gemeinde freuen."

Nach Rücksprache mit dem auch für den Mittersteig zuständigen Gefängnisseelsorger Matthias Geist schrieb ich zurück: „Sehr geehrter Herr Bauer, Herr Pfarrer bin ich keiner, aber eine Frau Pfarrerin. An den kommenden Sonntagen werde ich gerne im Gottesdienst fragen, ob jemand Sie besuchen möchte."

Schon beim ersten Aufruf fand sich eine Frau aus der Pfarrgemeinde, die den als „hochgradig geistig abnorm" punzierten Herrn Bauer besuchen wollte. Dies erforderte allerhand bürokratischen Aufwand von Seiten der Gefängnisseelsorge und der Anstalt. Zuerst konnte die Frau Herrn Bauer gemeinsam mit Matthias Geist, danach selbständig, besuchen. Wer davon spricht, in ein Maßnahmengefängnis hinein zu gehen, weckt bei anderen beängstigende Vorstellungen. So als würde man einen Käfig voll wilder Tiere ungeschützt und ohne Waffe betreten. Zu diesem Zeitpunkt war Herr Bauer sieben Jahre in Haft, litt an schwerem Diabetes, hatte enormes Übergewicht und konnte kaum ein paar Schritte gehen ohne außer Atem zu geraten.

Nachdem er einige Monate besucht worden war, hatte Herr Bauer die Chance, in den Entlassungsvollzug zu kommen. Dazu musste er jedoch eine Arbeit finden. Der Küster unserer Pfarrgemeinde war gerade in Pension gegangen, die freie Stelle noch nicht nachbesetzt. Ich fragte das Leitungsgremium der Pfarrgemeinde, das sogenannte Presbyterium, ob wir Herrn Bauer als Freigänger einstellen könnten. Zum Glück wollte niemand genau wissen, in welchem Gefängnis er sich befand. Vor seiner Haft hatte er bereits als Küster oder Mesner in einer evangelischen Gemeinde gearbeitet. Sein damaliger Pfarrer berichtete nur Gutes über diesen Mann.

Das Presbyterium wagte den Schritt. Ein Arbeitsvertrag mit dem Ministerium legte die Rahmenbedingungen fest. Die Zeiten, die Stundenanzahl, die Entlohnung. Zu Beginn holte die Mitarbeiterin, die ihn durch ihre Besuche schon kannte, Herrn Bauer ab und brachte ihn wieder ins Gefängnis zurück. Sehr bald durfte er diesen Weg allein machen. Minutengenaue Pünktlichkeit war die Auflage. Beim wieder „einchecken" ins Gefängnis wurde er nach verbotenen Substanzen gefilzt. Nachdem er sich auch hier bewährt hatte, durfte er vor der Rückkehr noch einkaufen gehen, um sich selber zu versorgen.

Dreißig Jahre war ich als Pfarrerin an verschiedenen Orten tätig. Immer gab es einen Küster, eine Küsterin. Herr Bauer hat sie alle übertroffen. Keiner vor ihm war so genau, so aufmerksam, so sorgfältig, so gewissenhaft. Mit seiner offenen und fröhlichen Art eroberte er die Herzen der Gottesdienstbesucher im Flug. Als der ihm vom Gefängnis zugestandene Zeitrahmen „draußen" weiter wurde, nahm er auch am Nachkirchenkaffee teil. An jedem Tisch war er willkommen. Allerdings wussten die Leute nicht, wo Herr Bauer „wohnte". Er lebte ja immer noch in der Haftanstalt für „geistig abnorme Rechtsbrecher".

Zusehends verringerte sich Herrn Bauers Körpergewicht. Er gewann Monat für Monat ein wenig Beweglichkeit dazu. Sein Blick war wach. Seine Gesten lebhaft. Auch die anderen Mitarbeiterinnen der Pfarrgemeinde arbeiteten gern mit ihm zusammen, war er doch aufmerksam und hilfsbereit.

Die Geschichte seiner „Häfnkarriere" ist niederschmetternd: Als er hörte, dass seine Frau einen Liebhaber hatte, schlug er zu. Wegen leichter Körperverletzung wurde der bis dahin Unbescholtene zu neun Monaten Haft verurteilt. Herr Bauer war gewohnt, viel im Freien zu arbeiten. Zu seinen damaligen Aufgaben gehörte auch die Betreuung des kircheneigenen Friedhofes. Nun war er in einem Haftraum mit mehreren anderen auf engstem Raum eingesperrt. Herr Bauer drehte durch. Er tobte und schrie, war nicht zu beruhigen. Er stieß wilde Drohungen aus und ging auf seine Haftraummitbewohner los. Er widersetzte sich den einschreitenden Justizwachebeamten. Als Strafe für sein ungebührliches Verhalten kam Herr Bauer in die Absonderung. Das ist ein an Wänden und Boden gefliester Haftraum, dessen Einrichtung nur aus einer Matratze besteht. Rund um diesen fensterlosen Raum sind Gitter. Dann erst kommt die eigentliche Haftraumtüre. Herr Bauer ertrug den Aufenthalt in diesem Käfig, den die Gefangenen „Keller" nennen, noch weniger als die normale Zelle. Herr Bauer tobte weiter. Schließlich kam er in eine Anstalt für „geistig abnorme" Rechtsbrecher. Wegen gefährlicher Drohung, ausgestoßen in der Strafhaft gegen Justizwachebeamte. Nach neun Monaten hatte er seine Strafe abgesessen. In der Anstalt blieb er weitere sieben Jahre. Als „hochgradig geistig abnorm" wird er sein Leben lang gelten.

Die Bezeichnung „geistig abnorm" für Menschen mit psychischen Problemen halte ich für höchst fragwürdig. Der Gesetzestext spricht von einer „geistigen oder seelischen Abartigkeit von höherem Grad"[48]. Spannend wäre es, die Herkunft dieser Zuschreibung „geistig abnorm" oder „abartig" zu erforschen. Unüberhörbar schwingt hier für mich Nazi-Begrifflichkeit mit, die selbst Kunst als „abnorm" punziert hat.

Ich bin mit dieser Kritik nicht allein. Im November 2012 schreibt mir Univ.-Prof. Alois Birklbauer, stellvertretender Institutsvorstand am Institut für Strafrechtswissenschaften der Johannes Keppler Universität in Linz:

„Auch die MedizinerInnen finden diese Zuschreibung schon längst nicht mehr zeitgemäß. Es ist die *juristische Sprache* das Problem und damit ein Handlungsbedarf für den Gesetzgeber vorhanden. Wir haben diese Forderung unlängst erhoben und wollen im kommenden Jahr eine Tagung zu § 21 StGB machen und diese Forderung dort erneut aufgreifen."

Eine Änderung der Begrifflichkeit wäre in der von Justizministerin Karl angekündigten Strafrechtsreform eine einfache Übung. Sie würde nicht einen Cent kosten, was man von anderen Reformen nicht sagen kann. Die derzeit als „geistig abnorm" Etikettierten könnten auch von der Öffentlichkeit eher als das wahrgenommen werden, was sie sind: Menschen mit psychischen Problemen, aber keine „abartigen" Bestien.

Derzeit weigern sich sogar öffentliche Pflegeheime, „geistig abnorme" Menschen aus dem Maßnahmenvollzug in die Pflege zu übernehmen. Selbst wenn diese bettlägerig und dement sind. Die Bewohner des Heimes würden sich vor dem „geistig abnormen" neuen Mitbewohner zu sehr fürchten.

„Was soll von einem dementen alten Mann, der alles unter sich lässt, noch für eine Gefahr ausgehen? Warum ist es nicht möglich, dass solche Menschen – wie sind sie so geworden wie sie sind? – wenigstens ihre letzte Lebenszeit gut gepflegt und umsorgt verbringen? Wie kann ein nicht-privates Pflegeheim dies verweigern? Oder geht es da um die Kosten? So bleibt der Gefangene – wie im Beispiel – darauf angewiesen, dass er einen gutmütigen Zellengefährten finden kann, der ihn jeden Tag wäscht, die Wäsche wechselt, ihn füttert?", stellt ein langjähriger Sozialarbeiter im Maßnahmenvollzug fest.[49]

Ich ergänze: Wie kommt der Mitgefangene dazu, pflegerische Dienste in diesem Ausmaß zu übernehmen? Und wieso hat das offensichtlich keinen Einfluss auf die Beurteilung dieses Mitgefangenen und seine Chancen, aus dem Maßnahmenvollzug entlassen zu werden?

Immer häufiger kommen Menschen, deren Delikt mit weniger als einem Jahr Haft bestraft wird, in den Maßnahmenvollzug, wo sie nach Strafende immer länger verbleiben. Drei bis vier Jahre dauert derzeit die durchschnittliche Anhaltung nach Verbüßung der Strafe. Im Jahr 2001 waren es „nur" zwei bis drei Jahre.[50] Manche, wie Herr Bauer, werden aber noch erheblich länger als die durchschnittliche Zeit angehalten. Im Maßnahmenvollzug leben zu einem übergroßen Prozentsatz Menschen, wie Herr Bauer. Sie haben in einer Stresssituation „durchgedreht", wilde, im Juristendeutsch „gefährliche" Drohungen ausgestoßen. Wenn sich diese Drohungen gegen Staatsorgane, vor allem Polizisten, richten, steigt die Wahrscheinlichkeit einer Einweisung in den Maßnahmenvollzug.[51] Selbstverständlich müssen Polizeibeamte in der Ausübung ihres Dienstes geschützt werden. Wie alle anderen haben sie ein Recht, sich gegen Drohungen zu wehren. Warum aber eine gefährliche Drohung gegen einen Polizisten auf eine „Abartigkeit von höherem Grad" schließen lässt und nicht auch die Drohung gegen eine Nachbarin oder gar die eigene Ehefrau, leuchtet mir nicht ein.

All das weiß die Öffentlichkeit in der Regel nicht. So entstehen angstbesetzte Bilder von den „Abartigen", und zum Teil unüberwindbare Berührungsängste. Wer will schon mit einem Menschen gemeinsam in der U-Bahn sitzen, dem vom Gericht attestiert wurde, er sei „geistig abnorm"?

Eine einzigartige Initiative zeigt, wie Begegnung mit Menschen im Maßnahmenvollzug das Bild von ihnen verändern kann: Seit dreißig Jahren gibt es im Maßnahmengefängnis am Wiener Mittersteig „die Gruppe Kuhn". Sie wurde von HR Dr. Christian Kuhn, dem Leiter der katholischen Gefängnisseelsorge, ins Leben gerufen. Die Idee ist beschämend einfach. Einmal im Monat besuchen Menschen von „draußen" eine Gruppe von Gefangenen „drinnen". Man trinkt gemeinsam Kaffee. Kunterbunt gemischt sitzen oder stehen die so genannten „Abnormen" und die „Normalen" in größeren oder kleineren Gruppen zusammen. Man plaudert. Die Gruppe beginnt und endet in der Kapelle der Justizanstalt mit Gesang, besinnlichen Gedanken und Gebet. Manche von „drinnen" und manche von „draußen" sind schon lange dabei. Dazu kommen immer wieder Neue. Insassen und Besucher. Die Menschen mit der vom Gericht festgestellten „geistigen oder seelischen Abartigkeit von höherem Grad" benehmen sich höflich, freundlich. Sie zeigen sich an ihren Gästen interessiert. Den Gästen wiederum scheint die Begegnung mit diesen Allerverachtetsten die Zeit wert zu sein, die sie mit ihnen an diesen Samstagnachmittagen verbringen. Sonst würden sie wohl nicht immer wieder kommen und Neue dazu animieren, es ihnen gleich zu tun. Rund dreißig Personen der Zivilgesellschaft gehören zum Kreis der Besucher und Besucherinnen. Aus diesem Pool von Personen, die für ihren Dienst eingeschult sind, kommen jeweils zirka acht zu dem Treffen der Gruppe.

Ein wunderbares Beispiel ist es, wie ohne große Kosten, ohne besondere Aktionen Menschen, die durch die Gesetzgebung völlig isoliert und für immer stigmatisiert werden, Begegnungen von Angesicht zu Angesicht haben können.

Warum, so frage ich, werden nicht in allen Anstalten, wo die „geistig abnormen" Rechtsbrecher untergebracht sind, solche Gruppen angeboten und gefördert? Das verursacht kaum Kosten, sieht man von den gereichten Getränken und Knabbereien ab.

Manchmal wird ein Mensch mit psychischen Problemen und der Androhung des Maßnahmenvollzugs aber auch überraschend nach Hause geschickt. So erging es Frau Beranek. Bei ihrer Inhaftierung weiß sie nicht, wie ihr geschieht. Sie habe doch nur auf eine Provokation geantwortet, als es gar nicht mehr anders ging. Dass sie in ihrer ungezügelten Wut eine Amtsperson tätlich angegriffen hat, gibt sie ohne Umschweife zu. Für sie war dieser Akt die letzte Möglichkeit, doch noch zu dem zu kommen, worauf sie meinte, ein Recht zu haben. Ihr Gegenüber sah das anders. Die Debatte eskalierte, wie Frau Beranek es ausdrückt. Sie wittert an allen Orten Verschwörungen gegen sich und ihre Interessen. Ein schräger Blick, ein mürrischer Gruß, schon meint Frau Beranek finstere Absichten hinter dem Verhalten ihres Gegenübers zu erkennen.

Ein Gerichtspsychiater erstellt ein Gutachten. Auf vielen Seiten beschreibt er die Gefangene, erzählt ihre Kindheits- und Entwicklungsgeschichte. Prüft ihre Reflexe und ihre Intelligenz. Wie vorgesehen, bekommt Frau Beranek das Gutachten in ihren Haftraum zugestellt. Sie liest es immer wieder. Sie rätselt über die fremden Worte. Sie weint über die Zuschreibung „geistig abnorm". „Ich bin doch kein Tier", sagt sie. „Ein Häferl, das schnell hoch geht, bin ich schon.

Ich habe doch niemandem ernstlich etwas getan." Dass sie immer wieder wilde Drohungen ausstößt, wie das Gericht ihr vorwirft, leugnet sie entschieden. Dass Ohrfeigen keine Argumente sind, gibt sie zögernd zu.

Die ihr unverständlichen Ausdrücke und Zuschreibungen machen ihr Angst, sie fühlt sich in die Enge getrieben. Diesen Worten kann sie keine eigenen entgegensetzen. Schon wieder sieht sie eine Verschwörung. Der Gutachter, das Gericht, die Justizanstalt, die Klägerin – alle hätten sich gegen sie verbündet. Alle steckten unter einer Decke. Auch der bestellte Rechtsbeistand ist nach ihrer Meinung an dem Komplott gegen sie beteiligt.

Ich bitte sie, ihr Gutachten aus dem Haftraum zu holen. Wort für Wort, Satz für Satz, Seite für Seite übersetze ich ihr, was da steht. Ich bin keine Ärztin und keine Psychiaterin, verstehe dennoch fast alles. Ich habe Latein, Griechisch und Hebräisch gelernt. Jetzt nutze ich dieses Wissen, um einer als „geistig abnorm" eingestuften Täterin ihr Gutachten zu erklären.

Dass Frau Beranek „Zustände" hat, derzeit nicht in Balance ist, sagt mir meine Erfahrung als Seelsorgerin. „Gefährlich" scheint mir diese Frau jedoch nicht zu sein. Zu wenig Spannung ist in diesem zusammengesunkenen, plumpen Körper. Zu wenig Hitze in dem ratlosen Geist.

Aufmerksam hört mir Frau Beranek zu. Mein Ziel ist es, sie durch die verstehbare Übersetzung mit sich in Kontakt zu bringen. Es gelingt. Immer wieder nickt sie: „Ja, das stimmt schon. So fühle ich mich oft." Während dieser Stunde intensiver Arbeit an ihrem Gutachten entspannt sie sich sichtbar. Ihre hölzernen Bewegungen werden weicher. Ihr gehetzter Blick wird warm. Aufatmend falte ich das Dokument zusammen. Sie sagt: „Aber was dysphorisch bedeutet, haben Sie mir nicht erklärt." Ich bin baff. Wir sitzen einander gegenüber. Sie hat die ganze Zeit den Text nicht vor sich gehabt. Sie muss es auswendig gelernt haben. Das Wort dysphorisch ist auch mir unbekannt. Ich verspreche, zu Hause nachzusehen. Sie ist zufrieden mit unserem Gespräch, aber voller Angst. Denn das Gutachten empfiehlt, sie in eine Anstalt für „geistig abnorme Rechtsbrecher" einzuweisen.

Ich verabschiede mich von ihr mit der Bitte, die vier letzten kurzen Zeilen des Gutachtens täglich zu lesen und womöglich auswendig zu lernen. Hier empfiehlt der Gutachter als gelinderes Mittel, Frau Beranek vorübergehend in einer therapeutischen Wohngruppe die Möglichkeit zu geben, sich wieder zu stabilisieren. Das könnte sie und ihre Mitmenschen davor bewahren, dass sie eines Tages nicht nur mit bloßer Hand zuschlägt, sondern ihre Drohungen ausführt.

Diese vier Zeilen hatte sie nach allem, was auf den Seiten davor gestanden ist, gar nicht mehr wahrgenommen. Zu verengt war am Ende des Dokumentes ihre Sicht.

Aus der Begegnung mit Frau Beranek nehme ich die Frage mit, ob es sinnvoll und den Zielen des Strafrechtes angemessen ist, sie und wohl viele andere mit solchen Gutachten allein zu lassen.

Monatelang wartet Frau Beranek eingeschlossen im engen Haftraum auf ihre Verhandlung. Mal geht es ihr besser. Mal wirkt sie orientierungsloser. Mal hat sie Angstzustände. Manchmal können wir recht vernünftig miteinander reden. In dieser Zeit gibt es für sie keine Behandlung. Was für eine Zeitverschwendung. In den Monaten ihrer Haft hätte bereits eine Verbesserung ihres Zustandes angestoßen werden können. Das Gegenteil passiert. Immer wieder kommt es zu kleineren Vorfällen, die ihre verengte Weltsicht bestätigen: Nach Wochen der Untersuchungshaft, wird für sie endlich ein Wäschepaket abgegeben. Neun Tage liegt es im Paketlager, kontrolliert und bewilligt. Aber niemand ist da, der es ihr auf die Abteilung bringt. Sie verrennt sich neuerlich in die Vorstellung, dass alle Welt sich gegen sie verschworen habe. Ich gehe dem Verbleib des Paketes nach. Am nächsten Tag, dem zehnten, ist es endlich bei ihr. Frau Beranek steht unter hoher Spannung. Morgen ist ihre Verhandlung. Ich habe keine Zeit, mit ihr weiter zu reden. Als ich sie am Tag nach der Verhandlung besuchen will, ist sie nicht mehr da. Ihre sofortige Entlassung nach sechs Monaten Haft wurde angeordnet. Man hat sie nach Hause geschickt. In eine Wohnung, aus der sie vor einem halben Jahr abgeholt wurde. Sie hat damals wohl nicht mehr den Kühlschrank ausgeräumt und den Müll entsorgt. Wenn Frau Beranek den Kühlschrank öffnet, wird ihr grüner Schimmel entgegenwachsen. Was aus dem Mistkübel quillt, möchte ich mir gar nicht vorstellen. Die Fünfunddreißigjährige lebt allein. Ihre Mutter wird besachwaltert, kann ihr also nicht helfen.

Ich freue mich für Frau Beranek über ihre Entlassung, bleibe aber dennoch ratlos zurück. Was für Schaden hat dieses Gutachten bei der labilen Frau angerichtet? Was haben die Monate der Haft mit ihrer psychischen Gesundheit gemacht? Wie kann man sie nach dieser Zeit einfach auf die Straße schicken? Was wird nun aus ihr?

Neben denen, die wie Herr Bauer sowohl zu einer Haftstrafe als auch zur Maßnahme verurteilt werden und als „zurechnungsfähig" gelten, gibt es auch noch die unzurechnungsfähigen, psychischen Kranken im Maßnahmenvollzug. Diese Menschen haben meist unter dem Einfluss einer schizophrenen Episode eine Straftat begangen und wurden vom Gericht als nicht schuldfähig erkannt. Sie bekommen keine Strafe, sondern werden unbefristet in den Maßnahmenvollzug eingewiesen.[52] Menschen, die nicht bestraft werden können, weil sie nachweislich psychisch schwer erkrankt sind, kommen also nicht grundsätzlich in ein Krankenhaus, sondern häufig in ein Gefängnis. Eindrucksvoll hat Matthias Illigen, ein ehemaliger „unzurechnungsfähiger" Insasse, das Leben eines psychiatrischen Patienten dort beschrieben.[53]

Der Gefängnisalltag unterscheidet sich gravierend vom Alltag in einem Krankenhaus. Ob eine Haftanstalt der geeignete Ort für Menschen mit psychischer Erkrankung ist, bezweifle ich. Ich kann mir nicht vorstellen, dass eine Krankheit, gleich welcher Art, im Gefängnis besser geheilt wird, als in einer rein medizinischen Einrichtung.

Wenn ein schuldunfähiger Täter in eine psychiatrische Klinik eingewiesen wird, bleibt er dennoch im Wirkungsbereich der Justiz, die auch im Krankenhaus für ihn zuständig ist.

In der Krankenabteilung der Josefstadt spricht mich ein jüngerer Mann an. Er kommt aus dem Maßnahmenvollzug. Gleich nach den ersten Worten merke ich, dass er eine schwere geistige Behinderung hat. Ich selber hatte viele Jahre ein Pflegekind mit angeborener geistiger Behinderung. Ich spreche mit ihm, erlaube ihm ein wenig Körperkontakt und verabschiede mich mit der Frage im Herzen, warum er im Gefängnis und nicht in einer Einrichtung für Menschen mit Behinderung lebt.

Die Kosten des Maßnahmenvollzugs explodieren. Die überlangen Anhaltungszeiten zeugen nicht gerade von der Effizienz dieser

„Maßnahme". Die bereits zitierte Studie wurde vom Justizministerium unter dem Gesichtspunkt der Kostenreduktion in Auftrag gegeben. Nicht aus Gründen der Verbesserung von Lebenschancen für die dort Angehaltenen.

Abschied oder:

Unerwartete Emotionen

Irgendwann kommt es auch im Gefängnis zum Abschied. Die eine Gefangene geht nach Hause. Der andere Verurteilte wird in ein anderes Gefängnis verlegt, um die Strafhaft dort zu verbringen. Als ich mich auf das Abenteuer Gefängnisseelsorge einließ, hatte ich mit vielem gerechnet. Ganz unerwartet traf es mich, wie schmerzvoll ich den Abschied von manchen Gefangenen erlebe. Auch mancher Insasse spricht schon Wochen vor seiner Verlegung davon, wie sehr er unsere wöchentlichen Gespräche vermissen wird. Er bittet um Erlaubnis, mir aus dem anderen Gefängnis schreiben zu dürfen. Mit einigen verabrede ich auch regelmäßige Telefontermine, um weiter mit ihnen im Gespräch zu bleiben. So bin ich für Herrn Moser inzwischen der einzige Telefonkontakt nach „draußen“. Sonst hat er niemanden mehr, den er einmal in der Woche anrufen könnte.

Attila kommt aus Ungarn. Dort wird seit einiger Zeit Obdachlosigkeit mit Gefängnis bestraft. Attila wurde „erwischt“, auf der Straße zu leben. Er entzog sich der Haft, indem er nach Wien ging. Auch hier lebte er auf der Straße. „Auf der Straße leben ist schwer“, teilt er mir in dem Deutsch mit, das er auf der Straße gelernt hat. „Ich halten nicht gut aus. Ich trinken. Wenn ich trinken, ich böse.“ Seine Offenheit beschönigt nichts. Attila ist fest davon überzeugt, böse zu sein. Denn sonst würde er nicht unter Alkoholeinfluss immer wieder in Schlägereien geraten.

Der Winter 2011/2012 war bitter kalt. In Wien hatte es zuweilen zwanzig Grad unter dem Gefrierpunkt. Attila fror. Attila stahl Alkohol, um sich warm zu trinken, um zu vergessen. Attila schlug zu. Attila schlief im Rausch ein. Er merkte nicht, wie der Frost in seine Zehen biss. Als er wieder aufwachte, lag er im Krankenhaus. Beide Vorfüße mussten ihm abgenommen werden. Danach kam er ins Gefängnis. Er hatte gestohlen. Er war gewalttätig gewesen.

Eines Tages kam ich auf die Abteilung, wo Attila lebte. Er sah mich, lachte, kam mir entgegen, um mir nach guter ungarischer Sitte die Hand zu küssen. Ich begrüßte ihn, sagte dann aber eher abwehrend: „Heute geht es sich nicht aus. Zu ihnen komme ich das nächste Mal." Attila machte das gar nichts. Er meinte, für eine kleine Überraschung hätte ich wohl Zeit. Er entschwand, kehrt nach kürzester Zeit mit einem Pappteller zurück. Auf diesem lag ein überdimensionales Stück Cremetorte. Wie ein Oberkellner stellte er den Teller vor mich und schaute mich erwartungsvoll an. Auf meine verwunderte Frage meinte er: „Wer weiß, ob wir uns vor meiner Entlassung noch einmal sehen. Darum will ich Ihnen das jetzt schon schenken." An diesem Tag war „Ausspeis". Attila hatte in der Vorwoche dieses Tortenungeheuer bestellt.

Ich mag keine Torten. Sie sind mir zu üppig und zu süß. Aber dieses Stück aß ich bis zum letzten Brösel auf. Ich wollte Attila nicht enttäuschen.

Am Tag vor seiner Entlassung sahen wir uns dann doch noch einmal. Er lief in seinen Haftraum und brachte mir zum Abschied und zur Erinnerung ein selbstgezogenes Basilikumstöckerl. Dieses wächst nun wohl behütet auf meinem Balkon. Immer wenn ich es sehe, frage ich mich, wie es Attila geht.

Am Tag vor seiner Entlassung nach Hause, machte mir Herr Lobmeyer ein unerwartetes Geschenk. Er sprach über seine Tat. Die Einsicht kam zum Abschied: Damals, als er der Praktikantin zwischen die Beine griff und sie an sich gedrückt hatte, hatte er nichts dabei gefunden. Aber jetzt, war ihm klar: So etwas darf man nicht tun. Trocken stellte er fest, dass die Mitarbeiterin, die ihn angezeigt hatte, wohl das Rechte getan hat. Dazu fand er einen Vergleich aus der Landwirtschaft, der mir sehr stimmig erschien. Jetzt wusste ich, „Bertl" hat's kapiert.

Ausführlich überlegten wir den Wiedereinstieg in seinen Ort. Eindringlich bat ich ihn, sich psychologische Hilfe für die ersten Monate zu suchen, um der Situation in der überschaubaren Gemeinde gemeinsam mit seiner Frau begegnen zu können. Er stimmte zu, bat um Hinweise, wohin er sich wenden könnte. Ich versprach, ihm zu schreiben.

Noch am selben Tag suchte ich die Adressen heraus und schickte ihm einen Brief. In der Woche nach seiner Entlassung rief mich

Herr Lobmeyer an und berichtete von den ersten Tagen zu Hause. Der Apotheker habe lakonisch festgestellt: „Du bist lange nicht hier gewesen." Jene Frau, die ihn angezeigt hatte, rief er gleich am Abend an und sagte ihr, dass er an ihrer Stelle ebenso gehandelt hätte. So hatten wir es besprochen. Schließlich würden sie einander nun täglich im Betrieb wieder begegnen. Die Überraschung und Erleichterung habe ihm gezeigt, dass er damit für sich und die anderen den Frieden im Ort vorbereitet habe. Seinem Opfer hatte Herr Lobmeyer kurz nach der Tat, noch vor der Gerichtsverhandlung, eine beträchtliche Summe als Entschädigung gezahlt.

Genau hatten Herr Moser und ich den Abschied geplant. Nach einer so langen und intensiven Zeit war es für uns beide traurig, dass wir nun nicht mehr jede Woche unsere Gespräche führen konnten. Regelmäßig sah Herr Moser auf die Transportliste, ob er schon vorgemerkt wäre für die Überstellung in ein Haus für Langzeithäftlinge. Immer wieder sagte er: „Kommende Woche noch nicht." Und dann kam ich eines Tages auf seine Abteilung. Herr Moser war wenige Minuten zuvor abtransportiert worden. Wegen eines Feiertages war der Transportplan geändert worden.

Mir war das Herz so schwer, als wäre ein lieber Freund auf Nimmerwiedersehen ohne Abschied abgereist. Ich wunderte mich über mich selber. Suchte Rat bei Matthias Geist. Dieser bestätigte, dass es auch ihm mit manchen Menschen so erginge.

Mit Herrn Moser hatten wir vereinbart, dass er so schnell wie möglich schreiben würde. Drei Tage später hatte ich den ersten Brief von ihm. Inzwischen korrespondieren wir regelmäßig und telefonieren einmal in der Woche. Das ersetzt aber nicht die guten und tiefen Gespräche mit diesem als „hochgefährlich" eingestuften Menschen.

Auch von Frau Zano kann ich mich nicht verabschieden. Ab einem Donnerstagmorgen steht sie auf meiner Besuchsliste. Heute früh wird sie in die Schwarzau fahren, schreibt Kollege Geist und bittet in dieser E-Mail auch den zuständigen Seelsorger Markus Fellinger, demnächst mit Grüßen aus der Josefstadt bei ihr vorbei zu schauen.

Zukunft oder:
Neuanfang ist nicht garantiert

Der im Gefängnis begehrteste Gegenstand ist der Kalender. Zigaretten sind wichtig, Telefonwertkarten für Außenkontakte unverzichtbar. Aber ohne Kalender geht gar nichts. Jeder Gefangene, der neu ins Haus kommt, wünscht sich einen Kalender. Am beliebtesten sind Wandkalender. In den Räumen der evangelischen Seelsorge lagern daher Stapel von geschnorrten und geschenkten Kalendern. Denn selbst Mitte November kann es sein, dass jede Menge neue Leute ins Haus kommen und dann Kalender haben wollen. Kalender, das ist sichtbare Zukunft. Tage und Wochen und Monate, die vergehen. Nach ihnen kommen andere Zeiten, bessere, so hoffen die Langstrafigen und die mit den kurzen Strafen.

Die Frage „Habe ich eine Zukunft?" lässt die Menschen nicht zur Ruhe kommen. Sie raubt ihnen den Schlaf. Sie macht sie unempfänglich für vieles, was auch wichtig wäre. Was sie auch wahrnehmen und bedenken sollten.

Ob Menschen eine Zukunft ohne Rückfall haben, hängt von vielen Faktoren ab. Am allerwenigsten rückfallgefährdet sind die meisten, die wegen Mordes verurteilt wurden. Eine Frau, die ihren misshandelnden Ehemann tötet, wird nie wieder morden. Ein Mann, der in seiner beleidigten Wut seine Ehefrau erschießt, weil sie die Scheidung eingereicht hat, wird höchst wahrscheinlich nie wieder einen Menschen töten, wenn er in der Haft die Möglichkeit bekommt, seinen Antrieb zur Tat gründlich zu bearbeiten.

Auch Sexualstraftäter haben laut Thomas Binder eine sehr geringe Rückfallquote. Er muss es als Leiter der Justizanstalt Sonnberg, die auf diese Tätergruppe spezialisiert ist, wissen. Laut Thomas Binder werden nur 8 Prozent der therapierten Sexualstraftäter rückfällig (durchschnittliche Rückfälligkeit über alle Sexualdelikte).[54] Anders herum betrachtet verüben also 92 Prozent der verurteilten und therapierten Sexualstraftäter nach ihrer Entlassung kein einschlägiges Delikt mehr. Verschiedene Statistiken nennen freilich verschiedene Zahlen. Fasst man sie zusammen, werden verurteilte Sexualstraftäter, therapierte und untherapierte, zu 30 Prozent rückfällig, zu 70 Prozent bleiben sie tatfrei, sagt die forensische Psychologin Dr. Adelheid Kastner.[55] Zur medialen Hysterie besteht durchaus kein Grund. Sie wird dennoch immer wieder geschürt. Selten sind es Wiederholungstäter, die neuen, noch unerkannten Erst-Täter vergehen sich an Frauen oder Kindern. Freilich steht immer weniger Geld für das Therapieren von Tätern zur Verfügung. Wer im Gefängnis aus finanziellen Gründen nicht dazu angehalten wird, sich mit seiner Tat oder seiner sexuellen Neigung auseinander zu setzen, ist anfälliger, als Wiederholungstäter eine neue Straftat zu begehen, als ein Mensch, der jahrelang und professionell zu einer Verhaltensänderung hingeführt wurde. Hier wird ganz sicher am falschen Ort gespart.

Thomas Binder meint: „Eine Mutter braucht sich nicht zu fürchten, wenn ihr Kind ohne Aufsicht auf einem Spielplatz oder in der Öffentlichkeit unterwegs ist; eine Mutter muss sich fürchten, wenn ihr Kind unter Aufsicht des eigenen Vaters, Großvaters, Onkels oder einer sehr gut bekannten Person steht. Denn zu 85 Prozent passieren Sexualstraftaten im engsten Familien- und Freundeskreis. Dazu kommt noch, dass wir hier von den *erkannten* Tätern reden. Das Dunkelfeld bei Tätern aus dem Familien- und Freundeskreis ist um ein Vielfaches höher als bei *fremden* Tätern, die viel rascher und häufiger angezeigt werden."[56]

Seine Erfahrungen werden durch die Tatsache unterstrichen, dass Inhaftierte aus der Justizanstalt Sonnberg in die umliegenden Betriebe tagsüber als Freigänger arbeiten gehen. Seit Jahren gibt es keine Zwischenfälle. Die dortige Bevölkerung scheint auch nicht verängstigt auf diese zehn bis zwanzig Menschen zu reagieren, die sich an jedem Arbeitstag frei unter ihnen bewegen.

Betrüger und kleine Gauner können es hingegen oft nicht lassen. Manche sehnen sich sogar nach den sicheren Gestaden des „Häfns" zurück. Wer es im Gefängnis nicht schafft, von seiner Drogensucht endgültig weg zu kommen und sich einen neuen Freundeskreis zu suchen, wird bald wieder da sein. Thomas Binder spricht von 80 bis 90 Prozent. Ich selber habe mehrere Suchtkranke aus der Justizanstalt Josefstadt gehen sehen. Wenige Wochen später waren sie wieder hier. Das Gefängnis scheint wenig Wirkung zu haben.

Bankräuber sind gewöhnlich von der Bankräuberei geheilt, wenn sie entlassen werden. Wenn sie bei ihrer Entlassung ein „Willkommensraum" empfängt, wenn es Orte und Menschen gibt, wo sie als Herr X und Frau Y wahrgenommen werden und nicht als der ehemalige Häftling, steigen die Chancen der Gesellschaft, ein neues, erfreuliches Mitglied gewonnen zu haben.

Wie sehr ein ehemaliger Häftling die Schäden der Haft aus eigener Kraft überwinden kann, die Verengungen zu erweitern, die Verbiegungen zu begradigen im Stande ist, bleibt jedenfalls offen. Je kürzer die Haft, desto geringer der Schaden, darin sind sich alle Experten einig.

Als Herr Bauer entlassen wurde, freute er sich zuerst sehr. Bald aber packte ihn unüberwindbare Einsamkeit. Wo immer er außerhalb der Pfarrgemeinde hinging, in der er sogar eine Arbeit gefunden hatte, empfand er sich als stigmatisiert und abgestempelt. Einige Male hatte er neuen Bekannten erzählt, dass er im Gefängnis gewesen sei. Die Reaktion war jedes Mal niederschmetternd. Ebenso die unvermeidliche Frage, weshalb er denn verurteilt wurde. Diese voyeuristische Neugier begegnete ihm auch in Person einer ORF-Redakteurin. Ich vermittelte mit seiner Zustimmung, dass ein ORF-Film über ihn und seine gelungene Resozialisierung gedreht wurde. Herr Bauer war bereit, seine Geschichte unter seinem echten Namen und mit seinem unverhüllten Gesicht zu erzählen. Ich bewunderte seinen Mut. Der zuständigen Frau im ORF war das nicht genug. Er sollte auch seine Tat benennen. Die Strafe dafür hatte er vor vielen Jahren verbüßt. Damit hätte das abgeschlossen sein müssen. Wenige Monate nach dem Film, gab er seine Wohnung auf und zog ins Ausland. Dankbar denke ich an den besten Küster, mit dem ich je zusammengearbeitet habe. Sein Tagebuch, das er in der Haft als „geistig abnormer Rechtsbrecher" geschrieben hat, hat er mir überlassen. Er will es nicht zurück haben. Die Stigmatisierung „geistig abnorm" klebt an ihm und an vielen anderen und lässt sich nicht abwaschen.

Attila war ein knappes Jahr in Haft. In dieser Zeit lebte er auf. Wenn es draußen eisig war, genoss er, der auf der Straße gelebt hatte, die Wärme seines Haftraumes. Jede Mahlzeit empfand er als wohltuend. Für seine durch die Amputation verstümmelten Füße hatte er orthopädische Schuhe bekommen. Sie drückten und rieben die Stümpfe wund. Der Phantomschmerz brachte selbst Attila zum Weinen. Das alles war aber erträglicher als der Gedanke an den Tag seiner Entlassung.

Zwei Monate bevor es soweit war, bekam Attila ein paar Mal Ausgang. Fröhlich nahm er diese Hafterleichterung an. Er spazierte durch Wien. Er kaufte sich mit dem genehmigten Geld einen Fahrschein und eine Tafel Schokolade. Stolz erzählte er mir anschließend, dass der beim Ausgang verbotene Alkohol gar keine Versuchung gewesen sei. Glücklich kehrte er zur vorgesehenen Zeit wieder ins Gefängnis zurück. Dankbar, auch in dieser Nacht wieder ein Dach über dem Kopf zu haben.

Wenn ich mit Attila über seine Entlassung sprechen wollte, über die Möglichkeiten und Pläne, über Hilfsorganisationen und Anlaufstellen, wehrte er ab. Seine lebhaften Augen wurden traurig. „Ich nicht daran denken. Ich Angst“, sagte er immer wieder. Nichts vermochte ihn zu überzeugen, dass er mit langfristiger Planung, mit Hilfe der Sozialarbeiterinnen und auch mit meiner Unterstützung nicht wieder auf die Straße müsse. Als der Tag der Entlassung kam, wurde Attila nach Ungarn abgeschoben, wo er seine Strafe wegen Obdachlosigkeit antreten musste. Danach, so meinte er, würde man ihn auf die Straße schicken.

Herr Moser ist fest entschlossen, seine „kriminelle Laufbahn“, wie er es ausdrückt, zu beenden. Nach Kräften bekämpft er seinen immer noch tief im Inneren brodelnden Hass. Inzwischen weiß er, dass dieser Hass weniger mit der „Gesellschaft“ insgesamt zu tun hat, als mit den vielen Enttäuschungen, der Angst und der Gewalt, die er als sehr junges Kind erlitten hat. Der durchtrainierte Mann ist weit davon entfernt, selber körperliche Gewalt anzuwenden. Dazu ist er zu klug. Seine Mittel sind subtiler. Intelligenter. Herr Moser sitzt mir gegenüber und erzählt, dass er genug habe vom Verbrecherdasein. Nach einer kurzen Pause sagt er: „Aber wenn ich heute entlassen würde, weiß ich nicht, ob ich nicht doch wieder hineinkippen würde. Der Hass ist immer noch da.“

weihnachtsengel

er hat einen engel.
das ist seine frau.
ganz nah – weit weg.

er hat einen hilfsengel.
das bin ich.
ich organisiere den engelsflug.

er malt weihnachtsengel.
die verkaufe ich
mit einem spruch von ihm.

er wird kein engel,
wahrscheinlich – vielleicht
aber noch mehr mensch.

Seine Angst vor dem in weiter Ferne liegenden Tag der Entlassung raubt ihm den Schlaf. „Werden sie mir draußen eine Chance geben?" „Werden mich alle als den ehemaligen Bankräuber und lebenslangen Verbrecher sehen?" „Wie viel Hass wird mir entgegen kommen?" Er sieht keine Chance für sich, in Österreich zu bleiben. Das kann er sich nicht vorstellen.

Immer wieder sage ich zu ihm: „Ich lebe draußen und weiß doch nicht, was auf mich zukommt. Ich kenne meine Zukunft so wenig wie Sie." Seine unermüdlichen Anstrengungen an sich zu arbeiten, mit sich und seiner Geschichte zurecht zu kommen, stellt er selber immer wieder in Frage, wenn er nach der Zukunft fragt. Meine Hinweise, dass er alles, was er sich erarbeitet, zuerst einmal für sich selber macht, dass er sich einen Schatz anhäuft, den ihm niemand nehmen kann, nimmt er dankbar an. Ich muss es immer wieder sagen, wenn er wieder einmal die Frage nach seiner Zukunft stellt.

In einer kleinen evangelischen Gemeinde in Oberösterreich stehen Neuwahlen bevor. Das sogenannte Presbyterium, das Leitungsgremium der Pfarrgemeinde, wird auf sechs Jahre gewählt. Als Kandidat bewirbt sich auch ein auf Bewährung entlassener Straftäter. Mit acht anderen bekommt er die Stimmen der Gemeindemitglieder und wird fortan gemeinsam mit ihnen die Pfarrgemeinde verwalten. Dazu gehören Entscheidungen über das Budget, die Kassaführung, die grundlegenden Beschlüsse über Zeit und Ort und Form der Gottesdienste. Die Aufsicht über die Jugendarbeit, die Begleitung des Pfarrers, der Pfarrerin. Das Gremium konstituiert sich. Nun brauchen sie auch noch einen Sprecher und engsten Mitarbeiter für den geistlichen Amtsträger. Sie wählen. Nach viereinhalb Jahren Haft, mit weiteren zweieinhalb auf Bewährung ausgesetzt, bekommt der ehemalige Häftling dieses bedeutende Amt einer evangelischen Gemeinde übertragen. Nachdem er einen Kurs besucht und bestanden hat, darf er auch selbständig Gottesdienste leiten. Niemand bleibt weg, wenn der Ex-Sträfling predigt und das Abendmahl austeilt. Keiner sagt: „Den will ich nicht auf der Kanzel sehen. Der soll mir das Brot, die Eucharistie, nicht reichen." Sorgsam nimmt der Mann seine verantwortungsvollen Ämter wahr, gern gesehen innerhalb und außerhalb der Gemeinde.

s'grob

waun i amoi draußdn bin
geri in zentralfriedhof
mit ana kistn bier
hau mi zum grob
vom vodan und vom bruadan zuwi
schütt a poar hoibe drauf
und sauf mi au
die vegerl wern zwitschan
und die fliega drüba fliagn
und i fliag mid

Denn auch Repräsentation hinein in die politische Gemeinde, in den Ort und den Bezirk, gehört zu den Aufgaben. Niemand zweifelt daran, dass er seine Bewährung besteht.

Bereits zum vierten Mal fand im Herbst 2012 der sogenannte „Gefängnislauf“ in Wien statt. Die Idee stammt von Matthias Geist, der nicht nur Gefängnisseelsorger, sondern auch Hobby-Marathonläufer ist. Rund um das evangelische Gemeindezentrum in Floridsdorf führt eine 1-km-lange Strecke. Wer mitläuft, lässt sich von Freunden und Bekannten seine Runden sponsern. Je nachdem, wie viele Runden jemand läuft, müssen die Sponsoren mehr oder weniger tief in die Tasche greifen. 150 Männer und Frauen nahmen laufend Teil. Sie brachten ihr Publikum mit. Dazu gab es noch eine umfangreiche Riege von Mitarbeitenden. Die Anwesenden kamen aus allen möglichen Bereichen der Gefängniswelt: Ehemalige Strafgefangene liefen die Runden neben, hinter und vor aktiven Anwälten und Richtern. Ordnerdienste verrichteten Freigänger, also immer noch Inhaftierte, gemeinsam mit Unbescholtenen. Auch das Anfeuern und Beklatschen der Laufenden übernahm eine gut durchgemischte Gesellschaft. Der Ertrag kommt den Angehörigen von Gefangenen zugute. Die Preise für die Siegenden hatten Häftlinge in der Tischlerei Favoriten erzeugt. Die Stimmung war trotz kaltem Wind warm und herzlich. Niemand hatte Berührungsängste, weder die immer nur „draußen“ Lebenden, noch die aktuellen oder ehemaligen „Knackis“.

In diesen drei Stunden in einer Ecke in Floridsdorf galt die Einteilung der Menschen in „Verbrecher“ und „Ehrenwerte“ nicht mehr.

Verachtung verhindert Integration oder:
Respekt ist heilsam

Jede Entlassung auf Bewährung müssten die Gesellschaft und die Öffentlichkeit mit Lobeshymnen auf die Beamten und Beamtinnen begrüßen. Ist es doch vor allem ihnen zu verdanken, dass ein Gefangener die strengen Kriterien für eine bedingte Entlassung erfüllt. Auch dem Inhaftierten selber gebührt für diese enorme Entwicklungsleistung Respekt.

In der Öffentlichkeit tönt es dann aber ganz anders. Das Verständnis für die Zusammenhänge scheint zu fehlen. Ich sehe niemanden, der sich traut, die Menschen „draußen" aufzuklären. Tatsache ist: Wer seine Strafe bis zum letzten Tag absitzt, wird auf die Straße gestellt und kann ohne verpflichtende Begleitung schauen, wie er zurechtkommt. Wer auf Bewährung hinausgeht, erhält Begleitung und bleibt noch eine Weile unter dem wachsamen Auge der Justiz. Welche Entlassungsform der Sicherheit mehr dient, liegt auf der Hand.

Wer im Häfn war, bekommt nur schwer einen Job. Wer lange eingesperrt war, bekommt wahrscheinlich nie wieder eine ordentliche Arbeit. Das liegt wohl auch daran, dass Rechtsbrecher in der Öffentlichkeit ohne Respekt als eine Art Monster dargestellt werden. Aber die meisten Straffälligen sind Menschen, die einmal oder auch wiederholt über eine schwache Stelle ihrer Persönlichkeit stolpern. Ein Einbrecher wird gewöhnlich keine Frau vergewaltigen. Wer einen Menschen getötet hat, wird höchstwahrscheinlich nie einen Betrug begehen und mit hoher Gewissheit auch keinen zweiten Mord. Ich spreche von Menschen, die bei ihrer Tat psychisch gesund waren und sich diese Gesundheit im Gefängnis erhalten konnten. Wer unter dem Einfluss einer schweren psychischen Erkrankung seine Tat begeht, wird diese, sobald er geheilt oder stabilisiert ist, sowieso nicht wieder tun.

Gern verpassen Massenmedien auch noch nicht schuldig gesprochenen Angeklagten „Spitznamen". In letzter Zeit war es die „Eis-Lady", die zum Markenzeichen einer Beschuldigten wurde. Vieles schwingt hier mit. Der Eissalon, den die Frau betrieben hatte, ist nur ein kleiner Teil der Punzierung. Eiskalt soll sie sein, schreiben diejenigen, die der Frau nie begegnet sind. Die Lady signalisiert, dass sie sich wohl arrogant für etwas Besseres hält. Ich weiß nicht, ob diejenigen, die diese Bezeichnung erfunden haben, das so meinen. Ich weiß aber, was unausgesprochen mit dieser Formulierung herüber kommt.

Sogar einer der Anwälte dieser Frau, Mag. Werner Tomanek, stellt sich auf seiner Webseite als Rechtsvertreter der „Eislady" vor. Ich empfinde das wenig vertrauenerweckend in Bezug auf die Beziehung eines Anwaltes zu seiner Mandantin.

Die Tageszeitung „Der Standard" zitiert unter Anführungszeichen ein angebliches Gutachten, das die Frau als „brandgefährlich" bezeichnet. Diese Art der Schreibweise in Anführungszeichen suggeriert ein wörtliches Zitat. Ich bezweifle jedoch, dass der Verfasser des Artikels das Gutachten über diese Frau gelesen hat. Ich bin ganz sicher, dass kein seriöser Gutachter das Wort „brandgefährlich" je verwenden würde. Den Experten steht ein ganzes Arsenal von einschlägigen Vokabeln zur Verfügung, sie müssen nicht auf populistische Begriffe zurückgreifen.

Menschen, die ihre Schuld einsehen und ihre Strafe abgeleistet haben, verdienen nicht unsere Verachtung, sondern unseren Respekt. Gerne frage ich Gefangene, die mit ihrem Urteil unzufrieden sind, was sie sich selber als Strafe geben würden. Die Antworten fallen überraschend aus. Herr Moser hätte sich für seine wiederholten Banküberfälle selbst 15 Jahre gegeben. Die 20, die er bekommen hat, findet er jedoch ungerecht. Herr Langmann meint, dass er für das wiederholte Zuschlagen unter Alkoholeinfluss fünf Jahre Haft verdient habe. Zehn Jahre erscheinen ihm zu viel, weil er danach keine Zukunft mehr sieht.

So viel Einsicht wie diese Rechtsbrecher haben nicht alle Autofahrer, die beim Schnellfahren oder Falschparken erwischt wurden und Strafe zahlen.

Als ich den Abschnitt über die Bronzefigur des Künstlers Jakob Inhof fertig geschrieben hatte, kontaktierte ich ihn. Ich wollte, dass er weiß, was ich über ihn schreibe. Er sollte die Gelegenheit bekommen, den Text zu verändern. Herr Inhof darf als Freigänger bereits ein Handy benützen, also schrieb ich ihm ein SMS und bat ihn um die Zustimmung, ihm den Text zu schicken. Prompt kam die Adresse des Freigänger-Hauses zurück. Noch am selben Tag warf ich den Brief mit der Seite, die Herrn Inhof betrifft, ins Postkastl. Nach wenigen Tagen schrieb er mir eine SMS: „Sehr geehrte Frau Dr. Hubka. Ich bestätige dankend den Erhalt Ihres Schreibens. Werde darüber nachdenken und mich melden. Den Ausdruck *Mörder* finde ich ungerecht. Ich wollte niemanden töten. Herzliche Grüße Jakob Inhof."

Meine Antwort schickte ich sofort: „Lieber Herr Inhof. Ich bitte um Verzeihung. Wollte Sie nicht kränken. Bitte formulieren Sie, wie Sie es für richtig halten. Liebe Grüße Christine Hubka." Eine Woche später erhielt ich einen Brief in wunderschöner Handschrift: „Sehr geehrte Frau Dr. Hubka, ganz herzlich danke ich für Ihre Zeilen, samt Unterlagen. Den Text finde ich GROSSARTIG; Änderungen in Ihre Arbeit mach ich auf gar keinen Fall, um RESPEKT und ANERKENNUNG gegenüber Ihrer Person zu zeigen." Dem Schreiben lagen drei Folder mit Bildern von Herrn Inhofs Arbeiten bei.

Alle Biedermänner, die sich moralisch von den Tätern und Rechtsbrechern distanzieren, vergessen, dass auch sie unter Umständen zu Brandstiftern, Betrügern und sehr schnell auch zu Beschuldigten werden können. Jeder Mensch hat von Kindesbeinen an auch eine gehörige Portion krimineller Energie in sich.

Professor Kreissl drückt es pointiert aus: „Wenn Sie alle Normübertretungen, die in der Gesellschaft passieren, das zeigen alle Dunkelfeldstudien, wirklich sanktionieren würden, dann müssten Sie den sozialen Wohnungsbau umbauen zum Strafvollzug. Dann hätten Sie so viele Leute im Strafvollzug, dass nicht mehr Platz ist. Und dann würde auch die Wirkung verpuffen. Weil, wenn sich herausstellt, dass 80 Prozent der Bevölkerung irgendwelche strafrechtlich relevanten Tatbestände verwirklicht haben, dann werden die Leute fragen, ja wieso sollen wir uns denn noch an irgendwelche Normen halten, wenn 80 Prozent das Ganze mehr oder weniger nicht ernst nehmen, sondern die Regelungen übertreten?"[57]

Als Seelsorgerin begegne ich den Gefangenen von Mensch zu Mensch. Ich bin keine Therapeutin, die mit dem Klienten arbeitet. Ich bin keine Sozialarbeiterin, die sich mit seinen zu regelnden Angelegenheiten befasst. Ich bin keine Psychologin, die einen Befund erstellt. Ich bin keine Ärztin, die heilen will, keine Anwältin, die juristische Beratung bietet. Ich bin auch keine Marketenderin, die Briefmarken, Tabak und Telefonkarten verteilt. Ich bin ein Mensch, der in der Begegnung auch seine eigenen Emotionen und Meinungen zeigt. Ein Mensch, der den anderen respektiert und auf Grund dieses Respektes zuweilen Dinge sagt, die die anderen, die Profis, nicht sagen können. Ich rede mit den Gebildeten Hochdeutsch, mit den Einfachen im Dialekt. Auch englischen Dialekt, wenn es sein muss. Erzählt mir jemand seine Geschichte, kann es schon sein, dass ich es mit: „Das war aber ziemlich deppert!", kommentiere. Die meisten nicken dann und sagen: „Ja, das weiß ich jetzt auch." Seelsorge betuttelt nicht.

Seelsorge scheut sich nicht vor Reibung: Seit Jahren wird mir in Wien im Jahresabstand ein Fahrrad gestohlen. Das macht fünf Fahrräder in fünf Jahren. Ich besitze kein Auto. Ich brauche keines in dieser Stadt. Mit dem Fahrrad bin ich meistens sogar schneller als die öffentlichen Verkehrsmittel. Nur wenn Schnee liegt oder die Straßen rutschig sind, steige ich in die U-Bahn um. Mein letztes Rad kam mir vor der Justizanstalt Josefstadt abhanden. Mit einem zentimeterdicken Spiralschloss hatte ich es vor dem Eingang zum Gefängnis an einen Zaun gehängt. Die Fenster der Torwache schauen genau auf diese Stelle. Dennoch hing nur noch das Schloss am Zaun, als ich die Justizanstalt wieder verließ. Niemand hatte bemerkt, dass da jemand mit dem Bolzenschneider am Werk war. Mein Ärger war groß. Ich stellte mir vor, dass der Dieb gefasst würde und ich ihn eines Tages in Haft besuchen käme.

Genau ein Jahr nach dem Diebstahl besuchte ich einen jungen Mann. Er war wegen Beschaffungsdiebstahl verhaftet worden. Er hatte versucht, ein Fahrrad zu stehlen und war dabei erwischt worden. Sofort kochte der Ärger in mir hoch. Ich erzählte ihm, wie es sich anfühlt, wenn das fünfte Rad in fünf Jahren gestohlen wird. Ich sagte ihm, wie wichtig mein Rad für mich als Transportmittel ist. Der junge Mann wusste nicht ganz, wie ihm geschah. Immer wieder beteuerte er: „Aber ich hab es ja nur probiert. Es hat eh nicht geklappt." Meine emotionale und authentische Reaktion schuf Vertrauen. Er erzählte von seinem Leben, seiner Sucht, von seinen Wünschen und Hoffnungen.

Seelsorge ist Begegnung pur. Seelsorge braucht Zuneigung zum Gegenüber, um Seelsorge zu sein. Ich sehe den Menschen, der durch seine Tat belastet ist oder der Wahrheit über seine Tat ausweichen will, ausweichen muss, weil er sie nicht erträgt. Ich sehe den Menschen, der vor sich selbst erschrickt, oder tausend Ausreden und Begründungen findet. Ich begegne ihm als jemand, dessen größtes Potential darin besteht, dass er wandelbar ist. Dessen Einstellung und Wahrnehmung sich ebenso ändern kann, wie sich meine Einstellungen und Wahrnehmungen ständig ändern.

Verschiedene Gesellschaften gehen sehr unterschiedlich mit ihren Straffälligen um. In England engagiert sich eine große Zahl von Freiwilligen für die Gefangenen. Sie besuchen die, die sonst keinen Besuch bekommen. Sie begleiten Freigänger auf Ausgang und begegnen den Entlassenen gezielt und fördernd. Die Gesellschaft sieht es als ihre Aufgabe an, Menschen wieder zu integrieren. In Österreich beobachte ich eher eine gegenteilige Haltung. Bürgerinitiativen verhindern Einrichtungen, die ehemalige Häftlinge in der Übergangszeit beherbergen. Diese Angst vor den ehemaligen Insassen nimmt zuweilen hysterische Züge an.

Auch den Opfern hilft diese Haltung nicht. Oft genug bleiben sie mit ihrem Trauma, mit ihrem Leid allein. Auch Opfer erleben, dass Menschen sie meiden, weil sie mit ihren Erfahrungen und Bedürfnissen unbequem sind.

Wohin in den ersten Tagen nach der Entlassung? Viele Häftlinge haben ja draußen niemanden mehr. In Wien gibt es Menschen, die Haftentlassene willkommen heißen. „Das Häferl" wurde im Jahr 1988 von Gerlinde Horn, der Frau des damaligen Wiener Superintendenten, gegründet. Diese Einrichtung in der evangelischen Kirche in Gumpendorf hilft Haftentlassenen dann, wenn sie es am nötigsten haben, nämlich unmittelbar nach der Freilassung. Hier bekommen sie Essen, Kleidung und viel menschliche Zuwendung. Ein ehemaliger Strafgefangener leitet die Einrichtung. Er wird von vielen Menschen jeden Alters aus der Zivilbevölkerung ehrenamtlich unterstützt. Und keiner fragt die, die frisch aus dem „Häfn" hierher kommen, welches Delikt sie ins Gefängnis gebracht hat.

Vorschläge von Betroffenen oder: Mitwirkung beim Strafvollzug

Je mehr die Betroffenen, also die Häftlinge an ihrer Rehabilitierung mitwirken, desto eher werden sie das Ziel des Strafvollzugs erreichen und hinfort deliktfrei leben. Compliance ist das Zauberwort. Wenn ein Gutachter meint, dass diese fehlt, wenn die Angehaltenen und Eingesperrten manchen „Maßnahmen" Widerstand entgegensetzen, wenn sie Entscheidungen hinterfragen, erhalten sie schnell einmal das Etikett „mangelnde Compliance". Zuweilen bekomme ich den Eindruck, dass allzu aktives Mitarbeiten an der Zukunft nicht unbedingt erwünscht ist. In Schulen und Kindergärten werden inzwischen die längst noch nicht Erwachsenen ermutigt, an der Lösung von Problemen mitzuwirken. Es gibt Herzensrunden und Klassenforen. Jugendliche werden zu Mediatoren ausgebildet, um zuerst einmal ohne Erwachsene Konflikte zu bearbeiten. Die Lehrer und Lehrerinnen stehen im Hintergrund bereit, wenn die Schüler es allein nicht schaffen.

Im Konflikt zwischen Gesetzesbrecher und Gesellschaft gibt es nach meiner Wahrnehmung keine derartigen Ansätze. Ich habe zwei Betroffene gefragt, wie für sie ein Strafvollzug aussehen müsste, der ihnen zu einem Neuanfang verhilft.

Herr Moser schreibt:

„Wie stelle ich mir einen idealen Strafvollzug vor?

Ich denke, dass es hier in Österreich gute Bestimmungen gibt, die jedoch nur theoretisch existieren. Vor allem wird keine Objektivität gewahrt. Manche Häftlinge kommen in den Genuss von Freiheiten, wovon andere nur träumen können. Wichtig ist aber auch zu sagen, dass Häftling nicht gleich Häftling ist. Deshalb ist es auch von großer Wichtigkeit, dass es einen Erstvollzug gibt. Hierbei erhalten die Häftlinge noch eine *zweite* Chance, dies jedoch mit Geduld und Durchhaltevermögen sowie guter Führung verbunden ist.

Eine langjährige Haft prägt und führt zu unerwünschten, asozialen Konditionierungen. Das liegt darin, dass die Straftäter in Haft beinahe keine Verantwortung übernehmen. Verantwortung gehört gefördert durch Arbeit, Aufrechterhaltung sozialer Kontakte und Vermittlung wahrer Werte durch geschulte Personen.

Besonders verbesserungswürdig finde ich die Bestimmungen für Familienangehörige und Freunde der Delinquenten. Hier gibt es einfach zu wenig Transparenz für betroffene Angehörige im Zusammenhang mit dem Justizsystem. Gut wäre es, wenn es dazu einen Leitfaden geben würde, welche Möglichkeiten zur Verfügung stehen. Gerade das Aufrechterhalten von sozialen Kontakten ist von enormer Bedeutung. Ohne soziale Kontakte handeln die Straftäter nach ihren alten Verhaltensmustern. Man darf nicht vergessen, dass die sozialen Kontakte Einfluss auf das Verhalten des Straftäters haben. Die Haft stellt einen Verlust der Kontakte dar. Das System fördert durch diese alten Bestimmungen die Isolierung der Verbrecher. Ich denke, dass die Angehörigen genauso Opfer sind, und dass es in diesem Bereich zu neuen Regelungen kommen sollte.

Ansprechen möchte ich auch die Substitution. Hierbei sollte eine Stufensubstitution eingehalten werden. Viele werden von ihrer Dosis nicht herabgestuft. Das sollte sich in Zukunft hoffentlich ändern. Außerdem ist diese Form der Substitution sehr umstritten, denn die synthetischen Morphine sollen stärker abhängig machen als das Heroin. Die wahren Gewinner sind die Pharmakonzerne."

Herr Petri wählte für seine Gedanken eine andere Form:

„Grundsätzlich würde man mit dem Strafvollzugsgesetz das Auslangen finden, sofern es entsprechend angewendet wird. Was wichtig ist:

Einzelhafträume: Um sich zurückziehen zu können. Wodurch viele Aggressionen verhindert würden. – Wegen Überbelegung nicht durchführbar.

Vollzugsplan: Jeder sollte neben Lebenslauf selbst einen erstellen. Von erwachsenen Menschen kann und muss man erwarten, dass sie wissen, was sie wollen, brauchen für die Zukunft. Die Bedürfnisse eines 25-Jährigen sind anders als eines 50-Jährigen, bzw. deren Hintergrund. Regelmäßige sechsmonatige Überprüfung mit Gespräch.

Besuch: Wie in … optimal geregelt: Fünf Stunden monatlich zur Verfügung, die man sich selbst einteilen kann.

Ausgänge: Werden stark reduziert, obwohl das Gesetz, gerade im gelockerten Vollzug mehr vorsehen könnte. Also: in drei Jahren voraussichtliche Entlassung, acht Ausgänge zu 24 Stunden, über die jeder selbst entscheiden kann, ob er sie einzeln nimmt oder zusammenlegt (zum Beispiel zweimal drei Tage, oder zweimal ein Tag im Quartal ...) Zusätzlich Haftunterbrechung bis acht Tage zur Erledigung persönlicher Angelegenheiten.

Hier sollte es sich um grundsätzliche Lockerung für den gelockerten Vollzug, unabhängig von der Anstalt, handeln.

Eine Verlängerung des Entlassungsvollzuges, auch im Interesse des Freiganges bis zu einem Jahr.

Telefon: Müssten neue Regelung gefunden werden. Zurzeit mit einer Karte um 6,90 Euro maximal 10 Minuten Telefonat möglich. (Anmerkung: zu einer Mobilfunknummer). Wer kann sich das leisten? Für den Kontakt nach außen wichtig.

Berufsausbildung: Absprache mit AMS, welche Berufssparten Zukunft haben.

Therapie: Entsprechende Möglichkeiten fördern, aber ohne *Honorierung*. Entweder will man selbst etwas ändern oder nicht.

Bedingte Entlassung: Weitgehend rasche Aussetzung zur Bewährung. Je höher umso mehr überlegt sich einer, ob er wieder straffällig wird oder nicht.

Für jede Wiedereingliederung sind die sozialen, familiären Kontakte wichtig und sollten nicht wie jetzt verhindert, unterminiert oder durch unsinnige Entscheidungen belastet werden. Was dann bleibt, sind: Zerbrechen von Beziehungen, psychische Probleme mit Flucht in Medikamente, Haltlosigkeit.

Wieder eine bestimmte Selbständigkeit fördern und nicht verhindern. Auch was die Verantwortung für das Leben innerhalb und außerhalb der Anstalt betrifft. Die Strafe wird deshalb nicht weniger, auch bedingte Entlassung und Freigang sind kein Geschenk. Aber nur so kann der Gedanke des Strafvollzugsgesetzes umgesetzt werden."

Mich beeindruckt an diesen beiden Statements, wie positiv beide Bankräuber das Strafvollzugsgesetz wahrnehmen. Ihre Anmerkungen, dass es noch nicht in allen seinen zielführenden Möglichkeiten voll angewendet wird, kann ich nur bestätigen.

Anhang

Anmerkungen

1 Laut Bericht über den österreichischen Strafvollzug waren im Jahr 2011 8816 Personen in Haft. Diese Zahl ist im Jahr 2013 auf über 9000 gestiegen.
2 Bericht über den Strafvollzug, S. 13.
3 http://www.unzensuriert.at
4 Bundesministerium für Justiz: Statistik zum Stichtag 1. 6. 2013.
5 Gerhard Nogratnig, Bundesministerium für Justiz: Sexualstraftäter und elektronisch überwachter Hausarrest, S. 1.
6 Bericht über den Strafvollzug, S. 10f.
7 §126 StVG, §144 StVG.
8 Dr. Stefan Fuchs, Fachgruppe Suizidprävention im Strafvollzug, Jahresbericht 2012. Dr. Stefan Fuchs, Mag. Kurt Jagl: Seminar Suizidprävention im Strafvollzug – vom Screening zur Intervention. Kitzbühel, 10.–12. April 2012. Schriftliche Unterlagen.
9 Stanford-Prison-Experiment. http://de.wikipedia.org/wiki/Stanford-Prison-Experiment.
10 Abschrift Interview Proskar.
11 StVG §127.
12 Abschrift Interview Proskar.
13 Blickpunkte Nr. 1/213, S. 21.
14 Heiner Bögemann: Promoting health and managing stress among prison employees. In: Health in prisons. A WHO guide to the essentials in prison health, S. 172.
15 Übersetzung durch die Autorin.
16 http://www.krone.at/Nachrichten/Folterparagraf_bringt_Justizbeamte_ins_Schwitzen-Novelle_zu_streng-Story-341005
17 Metzler-Entführung und Daschner-Prozess wurden in den Medien vielfältig berichtet. Z. B. „Die Zeit online“ 04. 08. 2011 und viele andere.
18 Die Exekutive, S. 15.
19 http://de.wikipedia.org/wiki/Entzugssyndrom
20 Stefan Schumacher und Richard Soyer: Die Wurzeln der Delinquenz, in: „Der Standard“ 23. 02. 2013. Album A 11.
21 Abschrift Interview Proskar.
22 Die Exekutive, S. 15.
23 Ebd.
24 Skriptum Strafvollzug, S. 155.
25 Im Folgenden handelt es sich um die Paragraphen 66, 67 und 69 StVG.
26 Skriptum Strafvollzug, S. 160.
27 Dr. Nestor Kapusta Universitätsklinik für Psychoanalyse und Psychotherapie u. a.: Aktuelle Daten und Fakten zur Zahl der Suizide in Österreich 2010. Bericht. Wien, August 2011.

28 Der Beobachtungszeitraum 1991 – 2009.
29 Bericht Strafvollzug, S. 28.
30 Gespräch mit Mag. Jagl in der Justizanstalt Wien-Josefstadt am 29. April 2013.
31 Jurysitzungsprotokoll Neubau Justizzentrum Wien Baumgasse am Standort 1030 Wien, Baumgasse 131,131a,131b. Wien am 26/27. 03. 2008.
32 Ebd., S. 8–11.
33 http://www.krone.at/Oesterreich/Wie_im_Kuschelhotel_-_Wohlfuehl-Umfrage_bei_Haeftlingen-Voellig_zufrieden-Story-269465 24. 6. 2011.
34 http://wiev1.orf.at/stories/423022 11. 4. 2012.
35 Alle Zahlen in diesem Kapitel stammen aus Wolfgang Gratz: Strafvollzug, S. 48ff.
36 Sendung Report, ORF2, 29. 01. 2013.
37 So Prof. Birklbauer. Abschrift Interview Proskar.
38 Skriptum Gratz, S. 49.
39 http://www.heute.at, 26. 04. 2010.
40 Skriptum Gratz, S. 50.
41 Bericht über den Strafvollzug, S. 22.
42 Einladung zum Familientag 2012 in der Justizanstalt Josefstadt, S. 1.
43 § 85 StVG.
44 Bericht über den Strafvollzug, S. 22. Bei 4 Prozent der Inhaftierten wurde der Familienstand bei der Aufnahme nicht erfasst.
45 §21 StGB (2).
46 Bericht über den Strafvollzug, S. 10.
47 Edda Bolten und Rudolf Karl (Hg): Blickpunkte. Magazin für Häf'nkultur. 4/2012, S. 8.
48 § 21(1) und (2) StGB.
49 Karl Helmreich, OSB, Dipl. Sozialarbeiter, langjähriger ehrenamtlicher Besucher von Gefangenen mit Maßnahme. Erfahrungen in der Begleitung von Insassen, über die die Maßnahme gemäß §21(2) verhängt ist. Unveröffentlichtes Manuskript.
50 Studie des Instituts für Rechts- und Kriminalsoziologie, S. 20.
51 Ebd., S. 22.
52 Gemäß § 21(1) StGB.
53 Mathias Illigen: Ich oder Ich: Die wahre Geschichte eines Mannes, der seinen Vater getötet hat. Edition a. Wien, 2012.
54 Thomas Binder E-Mail vom 21. 5. 2013.
55 Vortrag auf dem Studientag der Evangelischen Seelsorge am 3. 5. 2013 im Albert Schweizer Haus. www.gefaengnisseelsorge.at
56 Ebd.
57 Abschrift Interview Proskar.

Resolution der evangelischen Generalsynode zu Kriminalität und Strafrechtspflege

Die Generalsynode der Evangelischen Kirchen A. u. H.B. in Österreich hat am 15. November 2008 in Villach folgende Resolution zu Kriminalität und Strafrechtspflege verabschiedet:

Die Evangelische Kirche A. u. H.B. war und ist auf vielfältige Weise mit dem System des Strafvollzuges, den Opfern, Tätern und deren jeweiligen Angehörigen befasst. Durch die Arbeitszweige der Seelsorge und Diakonie nimmt sie besonders wachsam auch Entwicklungen auf den Gebieten der Kriminalität und der Strafrechtspflege wahr und hält dazu fest:

1. Die Evangelische Kirche A. u. H.B. ergreift Partei und erhebt die Stimme für jene, die in der Gesellschaft ausgegrenzt werden, ohnmächtig sind oder verstummen. Daher steht sie Opfern von Straftaten und deren Angehörigen wie auch Tätern und ihren Angehörigen nahe und begleitet alle nach dem Prinzip der Versöhnung in Wahrheit und Gerechtigkeit.

2. Opfer von Straftaten und deren Angehörige bedürfen des Schutzes, der Unterstützung von Gesellschaft und Kirche in der Wiederherstellung ihrer personalen und sozialen Würde. Wer seelischen, körperlichen oder materiellen Schaden erleidet, darf nicht zum Bittsteller und Hilfesuchenden werden. Es ist Aufgabe des Staates und aller sozialen Organisationen, auf jene zuzugehen und Hilfe anzubieten, wo dies erforderlich sein könnte.

3. Ebenso befindet sich jeder, der Schuld auf sich lädt, in einer Situation persönlicher Krise und sozialer Ausgrenzung. Die Evangelische Kirche A. u. H.B. fordert daher jede zuständige Instanz und Person auf, auch in Straftätern unter Freiheitsentzug Menschen zu sehen, die eine Chance auf Neubeginn und ein Leben unter neuen Vorzeichen benötigen.

4. Im gegenwärtigen Strafrechtsbereich fehlt nach Ansicht der Evangelischen Kirche A. u. H.B. und vieler Fachleute für die betroffenen Menschen eine echte Zukunftsperspektive. Jede verbrachte Haftstrafe zieht oft auch massive Schäden der Person, ihrer sozialen Situation und des Umfeldes nach sich. Mit großer Sorge ist zu beobachten, dass den Gefangenen zu wenig Aussicht auf und Motivation

für eine autonome, straffreie Lebenssituation nach der Haft geboten wird. Insbesondere mangelt es an ausreichender Öffentlichkeitsarbeit, an Angeboten und Bereitschaft, damit sich Gefangene nach der Entlassung eine geeignete Berufs- und Wohnsituation schaffen können. Nicht nur die Verhinderung weiterer Straftaten ist anzustreben, sondern ein Leben in Selbständigkeit, Würde, Toleranz und in solidarischer Verantwortung.

Ebenso mangelt es an ausreichenden Möglichkeiten, psychisch auffällige StraftäterInnen während und nach ihrer Anhaltung in einer Anstalt des Straf- oder Maßnahmevollzugs zu überwachen, medizinisch und therapeutisch zu behandeln und zu größtmöglicher Eigenverantwortung zu begleiten.

Wir befürchten, dass unter dem Kostendruck am Vollzug weiterhin gespart – und somit einem bloßen Verwahrungsvollzug Vorschub geleistet wird, während ein Behandlungsvollzug erschwert und auch die Motivation der JustizbeamtInnen stark belastet wird.

5. Ganz besonders weiß sich die Evangelische Kirche A. u. H.B. auch jenen verpflichtet, die als Angehörige von StraftäterInnen unschuldige Opfer der massiven Einschränkungen durch das Strafrecht werden. Die Evangelische Kirche A. u. H.B. hat durch ihre gemeindliche, seelsorgerliche und diakonische Angehörigenhilfe die Erfahrung gemacht, dass von staatlicher und rechtlicher Seite die Betroffenheit dieser Menschen zu wenig im Blick ist.

6. Die Evangelische Kirche A. u. H.B. weiß sich in der Strafrechtspflege folgenden ethischen Grundsätzen verpflichtet:

* stärkere Zukunfts- statt der bestehenden Vergangenheitsorientierung
* bewusste System- statt der eingeschränkten Delinquentenorientierung
* ganzheitliche Persönlichkeits- statt der strafrechtlichen Deliktorientierung
* gesellschaftliche Sicherheit durch gelingende Maßnahmen zur Wiedereingliederung.

7. Die Evangelische Kirche A. u. H.B. sieht daher den Bedarf, einen ganzheitlichen Blick auf die vom Strafrecht betroffenen Personen umzusetzen, d. h. Straftaten möglichst einer außergerichtlichen Klärung zuzuführen, die Möglichkeiten der Wiedergutmachung und

der Versöhnung eröffnet und dadurch zukunftsorientiert ist (Strafe übt nicht Vergeltung, sondern schafft Rechtsfrieden);

* öffentlichen Widerspruch zu artikulieren gegen jede Art von Stigmatisierung, gegen jede Art des Rufs nach härteren Strafen als Allheilmittel und gegen jede Vernachlässigung der Unschuldsvermutung;
* weitere innovative rechtliche Bestimmungen zur besseren und rascheren Schuldbewältigung einzuführen, wie sie durch Diversion und frühzeitige bedingte Entlassung grundsätzlich bereits jetzt möglich sind;
* bessere Lebensbedingungen sowie Arbeitsmöglichkeiten vom ersten Hafttag an zu gewährleisten, denn der erste Hafttag ist bereits der erste Tag einer gelingenden Entlassung;
* eine bessere Zusammenarbeit von Justizanstalten, Dolmetschpersonen, gerichtlichen Sachverständigen und gerichtlichen Instanzen bei Urteilsfindungen und bedingten Entlassungen zu konzipieren;
* die Haftzahlen möglichst zu reduzieren
* und einen Personalstand zu gewährleisten, der eine erhöhte Betreuungsleistung gewährleistet.

ZUSATZANTRAG:

Die Generalsynode fordert die politisch Verantwortlichen auf, die Rechte von Angehörigen von Gefangenen gesetzlich zu regeln.

Verwendete Literatur

Bundesministerium für Justiz: Bericht über den Strafvollzug. (Auszug aus dem Sicherheitsbericht 2011).

Bundesministerium für Justiz: Bericht über den Straf- und Maßnahmenvollzug. (Auszug aus dem Sicherheitsbericht 2012.)

Edda Bolten und Rudolf Karl (Hg): Blickpunkte. Magazin für Häf'nkultur. Wien.

Die Exekutive. Seit 1948 Jahren offizielles Organ der Kameradschaft der Exekutive Österreichs. Nr. 9. 2012.

Stefan Schumacher und Richard Soyer: Die Wurzeln der Delinquenz. Der Standard. Samstag, 23. Februar 2013. Album A11.

Strafvollzugsakademie Justizwachschule und StA. Mag. Thomas Weger: Skriptum „Strafvollzug" Behörden, Verfahren, Rechtsgrundlagen. Stand: 22. 9. 2011.

Dr. Nestor Kapusta Universitätsklinik für Psychoanalyse und Psychotherapie u. a.: Aktuelle Daten und Fakten zur Zahl der Suizide in Österreich 2010. Bericht. Wien, August 2011.

Jurysitzungsprotokoll Neubau Justizzentrum Wien Baumgasse am Standort 1030 Wien, Baumgasse 131,131a,131b. Wien am 26/27. 03. 2008.

Wolfgang Gratz: Vorlesung Strafvollzug. WS 2011/12. Abschrift der Power-Point-Präsentationen.

Studie des Instituts für Rechts- und Kriminalsoziologie: Welcher organisatorischer Schritte bedarf es, um die Zahl der Einweisungen in den Maßnahmenvollzug zu verringern? Projektleiter Wolfgang Stangl. Auftraggeber Bundesministerium für Justiz. Laufzeit Mai 2011 bis März 2012.

Christine Hubka, Matthias Geist (2011/2): Reite den Drachen. Verlag der Apfel. Wien. (Eine Fantasiegeschichte für Kinder inhaftierter Eltern mit einem pädagogischen Anhang.)

Mathias Illigen (2012): Ich oder ich. Die wahre Geschichte eines Mannes, der seinen Vater getötet hat. Edition a. Wien.

Gerhard Nogratnig (2013): Sexualstraftäter und elektronisch überwachter Hausarrest.

Danielle Proskar: Abschrift der Interviews für den Film „Strafe muss sein!", 3sat

WHO Regional Office for Europe (Hg.): Mental Health Promotion in Prisons. Report on a WHO Meeting. The Hague, Netherlands 18–21 November 1998.

Lars Moeller, Heino Stöver u. a. (Hg.) (2007): Health in Prisons. A WHO guide to the essentials in prison health.

Dr. Stefan Fuchs, Mag. Kurt Jagl (2012): Unterlagen zu „Seminar im Strafvollzug – vom Screening zur Intervention". April 2012. Unveröffentlicht.

Justizanstalt Wien-Josefstadt (26. 2. 2007): Aviso zur Einführung des Listenermodells. GZ: 423/4-A/2007